点灯人丛书

亲近母语

丁云 /著

丁云的童诗课堂

广西师范大学出版社 · 桂林 ·

图书在版编目(CIP)数据

丁云的童诗课堂/丁云著. —桂林:广西师范大学出版社,2019.5(2021.6重印)
(点灯人丛书)
ISBN 978-7-5598-1714-3

Ⅰ. ①丁… Ⅱ. ①丁… Ⅲ. ①儿童诗歌-诗歌创作-教学研究-小学 Ⅳ. ①G623.202

中国版本图书馆CIP数据核字(2019)第062706号

出 品 人:刘广汉
责任编辑:刘美文
项目编辑:卢 义
装帧设计:李婷婷

广西师范大学出版社出版发行
(广西桂林市五里店路9号 邮政编码:541004
网址:http://www.bbtpress.com)
出版人:黄轩庄
全国新华书店经销
销售热线:021-65200318 021-31260822-898
山东韵杰文化科技有限公司印刷
(山东省淄博市桓台县桓台大道西首 邮政编码:256401)
开本:890mm×1 240mm 1/32
印张:11.25 字数:292千字
2019年5月第1版 2021年6月第2次印刷
定价:49.80元

总序

可以选择很多角度，来描述亲近母语的发展历程，但课题研究和实验，一定是最根本最适合的角度。

如果从 2001 年亲近母语正式立项为江苏省教研室重点研究课题算起，亲近母语课题研究已经走过了 18 年的历程。即使从 2003 年全国教育科学规划课题算起，亲近母语课题研究也已经走过了 15 年的路途。

1999 年，在经历上个世纪末的语文教育大讨论后，国家启动了第八次基础教育课程改革。我还清晰地记得，2000 年底读到《语文教学大纲》(试用修订版)时欣喜而振奋的心情。

2001 年 7 月发布的《全日制义务教育语文课程标准（实验稿）》，第一次明确了课外阅读量，义务教育阶段必须达到 400 万字，小学阶段必须完成 145 万字。同时明确了小学和初中应该背诵的古典诗文和推荐阅读的经典名著。作为一个少年时代被阅读启蒙，被文学点燃的中师生，一个在八十年代文化环境下，幼稚地思考着中国小学语文教育应该走的道路的教育研究者，一个陪伴儿子在亲子阅读中成长的年轻母亲，我不希望将要上小学的儿子，和无数可爱的孩子们，每天都在学教材、做无聊习题的语文学习中长大，童年没有阅读，不能享受母语的温暖和美好。

如何真正落实课标提出的阅读量，让孩子们在童年享受阅读的快乐，进而热爱我们的母语？ 2001 年亲近母语总课题组成立。2001 年，几乎和《新语文读本》同时，亲近母语总课题组研发的《新启蒙教程》出版。这是后来，亲近母语开发的自读课本——《全阅读》《我的母语课》的雏形。让老师们在教学语文教材之外，每周上一节阅读课，用好亲近母语读本，带领孩子们进行更广泛的阅读。我们邀请梅子涵老师来到宝应，为亲近母语的实验老师们讲述图画书，讲述儿童文学。我们发布了中国第一份小学生分年段的阅读书目，倡导更多的小学语文教师在自己的教室里，为孩子们点起一盏灯，带领孩子们阅读图画书，阅读儿童文学。

亲近母语课题研究和实验，迅速得到全国各地的认可和呼应。2003年11月，亲近母语被立项为全国教育科学规划“十五”课题。《中国教育报·读书周刊》以整版报道了亲近母语实验的理念和实践探索。

2004年，亲近母语策划和发起了第一届中国儿童阅读论坛，邀请顾黄初、梅子涵、朱自强、商友敬、李庆明、窦桂梅、周益民、何绮华等众多语文教育史、儿童文学、儿童文化、语文课程论等方面的专家学者和特级教师参与，研讨在小学语文课程中实施儿童阅读的理念和实施路径，展现亲近母语课题研究和实验取得的成果。第一届论坛就有来自全国各地的五百多位校长和老师参与。

在第一届论坛上，亲近母语总课题组推出了两本实践研究专著。一本为由我本人和刘咏春老师共同编著的《亲近母语儿童阅读教育课程研究和实践》。虽然不够成熟，但初步概述了亲近母语的理念、课程建构以及相应的教学实践探索。一本为岳乃红老师的《班级读书会ABC》，为中国大陆最早的表述如何在班级开展读书会，进行整本书阅读和教学的专著。

2001到2006年，是亲近母语课题研究的第一个五年。“十五”期间，课题研究致力于将儿童文学引入小学语文课程，在儿童阅读推广、突破原有小学语文课程和教师培训的模式、建立多方对话的格局等方面，取得了一定的进展，获得了全国性的影响。

2006年，亲近母语国家级课题结题。以田慧生教授为组长，由顾黄初、成尚荣、梅子涵等组成的专家组，给予亲近母语课题研究和实验很高的评价，他们认为：“该项研究认真、扎实、有效、成功，而且具有原创性，体现了开拓精神。”2007 年，亲近母语获得江苏省第二届教育科研成果一等奖。2007 年，北京师范大学出版社推出亲近母语总课题组的第二批实验总结成果，分别为：薛瑞萍的《我们班的阅读日志》，岳乃红的《班级读书会 ABC》，余耀的《由图画书爱上阅读》，邱凤莲的《大声读给孩子听》，丁筱青的《儿童阅读的心灵地图》，周益民主编的《上读书课啦》，全面展现了亲近母语总课题组在整本书阅读和教学、图画书阅读和教学、班级阅读活动开展等方面的成绩。这套书是国内较早一批真正意义上的儿童阅读指导丛书，系统地总结了 2001 年以来，深刻影响小学语文教育教学和儿童文学创作及出版、亲子阅读等领域的儿童阅读实验成果。

在亲近母语“十五”规划课题研究的基础上，亲近母语“十一五”研究课题定名为“儿童阅读的理论和实践研究”。课题致力于构建儿童阅读的课程体系。“十一五”期间，亲近母语的儿童诵读、班级读书会、读写互动、图画书教学和讲述、基于儿童的小学语文课程的构建等实验项目获得长足的发展，课题点燃了一批优秀的小学语文老师，他们在自己的教室、学校，积极开展儿童阅读，并积极带动更多的老师和学校、家庭，加入到儿童阅读中来，儿童阅读逐渐走向蓬勃。

2011 年，北京师范大学出版社又推出了亲近母语总课题组的四本研究成果，分别为丁云老师的童诗课堂探索专著《儿童天生就是诗人——儿童诗的欣赏与教学》，亲近母语儿童写作项目负责人邵龙霞老师的《儿童也能写作》，亲近母语图画书项目负责人刘颖老师的《我的故事讲给你听——从阅读到讲述》，薛瑞萍老师的《把世界带进教室——薛瑞萍教育教学讲演录》。

在前面十年课题研究和实践的基础上，经过多次专家学者和总课题组的论证，2011 年，亲近母语确立了“十二五”研究方向——回到亲近母语研究最初的出发点，将前十年儿童阅读研究的成果，引进小学母语教育课程建设，努力探寻和构建以儿童为本位，从阅读出发，以母语抵达的母语教育课程体系。和儿童、教师、家长一起努力，用母语为儿童营造温暖的精神的怀抱，促进儿童听说读写能力的发展。

2015 年 8 月，亲近母语在多年试用和实践的基础上，发布了《亲近母语儿童阅读课程方案（修订版）》，以及各个具体课程的实施方案。全面系统地阐述了亲近母语总课题组的儿童阅读课程体系，并且在多年探索的基础上，发布了线上线下结合，进行亲近母语儿童阅读师资培养的“点灯人大学”计划。亲近母语实验以系统的书香校园解决方案为形态，为学校提供优质的阅读文化建设、阅读课程设计和师资培养等专业服务，从而走向了更多的学校和区域。

从 2017 年开始，国家逐渐进入统编教材时代。统编教材加大了传统文化教育的比重，同时吸收了十多年来儿童阅读推广的成果，将整本书阅读列入了语文课程体系。在新的时代，亲近母语“十三五”课题在前期研究和实践的基础上，果断将“如何落实国家课程标准，教好统编教材，做好课内外统整教学，实现从课内到课外的拓展，如何加强传统文化教育”纳入课题研究和实验的重要内容，并重新修订和发布了《亲近母语课程实施方案》。

本次出版的这套书，是亲近母语课题研究和实验的第四批研究和实践成果；是近十年来，亲近母语课题的研究和实验成果的一次较为全面的展示。

《亲近母语：儿童本位的小学母语课程构建》是我本人对亲近母语十多年来研究和课程构建、教学探索，试图所做的一次理论阐述。

《和孩子一起日有所诵》是孔晓艳老师十二年来，陪伴孩子们日有所诵的记录和思考。

《丁云的童诗课堂》是丁云——这位颇有影响的诗人老师，十多年来自己读诗写诗，并带领孩子们读书写诗的实践记录。

《从整本书精读到群书阅读》是吉忠兰老师从一个乡村教师的大声读开始，所进行的各种关于整本书教学的探索的足迹。

《主题阅读的教与学》是徐世赟老师如何进行课内外整合和主题

阅读的行与思。

《老付拆书》是付雪莲老师这些年来，运用可视化工具，进行整本书阅读的尝试。

《书香校园建设经典案例》和《整本书教学设计精选》是这些年涌现的一些优秀的书香校园建设和整本书教学的案例精选。

《点灯人说》则是一批亲近母语课题实验老师的教育叙事，讲述他们如何和孩子们一起阅读，一起成长的故事。

这些成果的背后，都是一个个活生生的人，一个个希望用阅读去点亮儿童生命的点灯人，一个个活泼泼的，不甘平庸，有精神追求的母语老师。这些书，记录了他们的遇见，他们的阅读，他们探索中的悲辛，他们成长中的喜悦和痛苦。而这些真实的群像，勾勒出了十多年来，中国大地上波澜壮阔的儿童阅读推广的历程，写就了对小学母语教育的重新认识和建构的过程。

真诚感谢广西师范大学出版社的刘广汉先生和刘美文老师，对亲近母语和这套实验成果的出版支持。

在我看来，这一切刚刚开始。所以，我认为，这套丛书是一个完全开放的体系，是一个正在展开的召唤结构。它等待着一个个点灯人、一个个精神发光的母语老师，从教育的田野里走来，走进这个开放的行列中来，一起探索，一起开创属于这个时代的母语教育。

我在这里等候你们。

2019 年 3 月 26 日

童诗——童年最好的遇见（自序）

孩子一定要读童诗吗？我看不尽然。世上并无一定要做的事情，没有一定要读的文字，也没有非走不可的路，没有非见不可的人。可是就像蝴蝶遇到花朵，春风经过草地，白云遇到蓝天，有些美好，真的不容错过，比如童诗。

童诗之“趣”，一眼就会爱上你

童诗不是成人诗，童诗有着所有诗歌的特质，却同时有着非常重要的儿童文学的特点。童诗＝童年＋诗歌，是给儿童阅读、给孩子欣赏的，和孩子之间是没有距离的、直接的，是绚烂而天真、童真而又趣味的。童诗是孩子阅读后的会心一笑，或者急着和同伴分享的美好。那是一种幽默，也是一种智慧，是突然的点燃和唤起。

童诗的童，是儿童、是童心、是童趣。因此，童诗不是平仄讲究的律诗，也不是艰深晦涩的朦胧诗，它就是孩子的心、孩子的话。这也是我教孩子写诗的初衷，童心就是诗心，儿童天生就是诗人。

我不想吃鱼

丁　云

我不想吃鱼，
我就是不吃鱼。

因为……
因为我属老鼠，
猫喜欢的东西，
我决不喜欢。

孩子读着想着猜着，读到最后，会发出会心一笑。是的，这就是童诗，和孩子心心相印，和孩子心灵相通，通过文字向孩子发出邀请。短短的诗行，几秒钟可以读完，若仔细回味，却越来越有滋味，这就是童诗的魅力。

童诗之“美”，让生命和自然重新连接

孩子很小很小的时候，他们和大自然长在一起，会敏锐地发现周遭环境的变化，哪怕是一片落叶，也会让他们沉迷不已。他们会痴痴地盯着一只蜗牛，喃喃自语。他们有着强烈的自然属性，甚至可以说一种神性，此刻他们的表达，是他们对世界最直观、稚嫩的发现，充满了稚趣之美。

可是，不知道从什么时候开始，孩子对眼前的风景视而不见，听而不闻，特别是在当下的网络时代，手机和电脑成为孩子们的“密友”。孩子离土地越来越远，离自然越来越远，这不得不说是一种悲哀。

阅读童诗，可以让孩子重新发现自然，重新走进自然，让小小的生命之树，深入到大地之中，去汲取大自然生生不息的力量，去感受大自然的神奇和美好。

绿　鸟

丁　云

暖暖的阳光

站在三月的树梢上

从梦里惊醒的柳树
抖了抖
绿茸茸的羽毛

踮踮脚尖
准备春天的
第一次飞行

春风拂动之处，让孩子去观察一棵树，去感受一阵风，去凝视一朵花，我觉得这是一件非常美好的事情。大自然这本书，每翻开一页，总会给孩子以启迪，让孩子耳目一新，充满活力和动力，更能让孩子发现大自然的可爱之处。阅读诗歌，可以让孩子回到自然之中，感受大自然的苍茫和包容；通过万物的神奇，让孩子的生命与自然再次连接，让大自然给孩子的生命注入源源不断的动力和巨大的潜力；育心智养性情，让孩子的生命打下豁达而诗意的底色。花开花落，日月星辰，俯观大地或者仰望天空，总会带来不同的发现和感悟吧！

童诗之“情”，重新发现生活的美好

真的是熟悉的地方没有风景吗？现在的孩子，疲于在补习班和兴趣班之间奔波、在考试和分数间徘徊，对于身边的事情，甚至对于自己的家庭、自己的学校，已经忘记了发现，忘记了感动，认为一切都是理所应当。

是的，好像真的是这样，我们的生活多么无趣，上班、下班，吃饭、睡觉……似乎我们的视觉、听觉已经麻木。可是童诗却能唤醒我们的情趣，唤起我们对生活的另一种感觉。家，仅仅就是吃饭和睡觉的地方吗？学校，仅仅是学习的场所吗？生活是不是可以多一点点趣味呢？

楼梯

（中国台湾）方素珍

我和妹妹爬楼梯，
一、二、三，
一、二、三，
我们的脚步，
吞下一阶又一阶。

回头看看，
哇！
脚步又把阶梯
吐出来了！

感谢诗歌，拯救了一些无趣的灵魂。在诗歌里，生活又有另一番模样：爬楼梯是脚步在吞台阶，妈妈的声音是闹钟，睡懒觉可不是偷懒，鞋子挤在一起聊天，厨房里演奏着奏鸣曲。学校里呢？黑板是停车场，地板是大力士……童诗，让孩子能够重新发现美好，让一切变得有情有趣。

童诗之“善”，让情感更为深厚

有时候，我们会扪心自问，有多久没有感动过？有多久没有看过天空的浮云？有多久没有蹲下身子，看着蚂蚁搬家，或者跟一朵花心领神会地相视一笑……忙碌和疲乏把我们的心变得粗糙，而传递给孩子的可能是一些冷漠和无视。现在的孩子似乎习惯于被爸爸妈妈疼爱，被爷爷奶奶溺爱，认为这是理所应当。在阅读童诗的过程中，孩子们将用另一种眼光来审视周遭的事物，内心将会涌动着另一种情感。希望诗歌能够唤醒最初的美好，让孩子们学会感动，学会感恩，从而对这个世界温柔相许，真诚相待。

半个月亮爬上来

丁　云

半个月亮爬到窗子上
睁着大眼睛
看着我的家

家里有爸爸
家里有妈妈
家里还有一个小小的我

半个月亮爬上来
羡慕地看着
我圆圆的一家

诗歌是柔软的，是有温度的，一词一句都饱含着深情。没有情感的诗歌只是语言游戏，唯有富有深厚情感的诗歌才有生命力和创造力，才会打动人。

童诗让孩子学会感动，学会感恩，学会感激每一天的阳光，学会怜惜每一朵花儿。

儿童文学是能给孩子带来慰藉的，它的文字是温暖的，是把希望和美好带给孩子，是喜欢孩子们带着满满的爱和感动行走的。童诗也是如此，我觉得适合孩子阅读的诗应该是正面的、光明的。我不主张把黑暗和丑陋过早地带给孩子，在童年时期，我建议给他们的文字是有翅膀的，有温度的，像冬日的阳光刹那之间照彻心扉。孩子带着这样的美好行走，哪怕身处沟渠，也能够仰望星空，看到远处的帆船和高山。

童诗之“核”，培育想象力

诗歌能让我们云游八方，能让我们上天入地。很多时候，我们发现有些孩子缺乏想象力，缺乏创造性。我觉得诗歌无限的外延是可以让孩子的想象力得到充分发展的，能给孩子一双会飞的翅膀，让他到达想要去的地方。拯救孩子的想象力，可以从读诗开始，让孩子跟着诗人重温一下久违的飞行，感受一下长出翅膀的愉悦。

毛茸茸的阳光

丁　云

春天的阳光
一定是毛茸茸的
阳光下的小草
长出了嫩嫩的触角
正四处张望

小花苞们也
睁开了眼睛

看阳光毛手毛脚地
敲响所有的花房

阳光下的小弟弟
好像长出了一对绒绒的翅膀
奔跑　跳跃
和春天
一起飞翔

人们常说，孩子是最不缺乏想象力的，可是很多时候，孩子们的练习已经被标定了答案，被统一了思考。不得不说，现在的孩子是最最辛苦的一代。每过一个假期，家长都在晒假期培训班的费用，直呼现在的孩子养不起。可是，大家考虑过孩子的感受吗？孩子们在钢琴与奥数之间奔波，在作文班和英语班之间寻求平衡，在努力地把拼音和单词进行区分，又有多少属于自己的静默的时光、与自然对话的光阴？又有多少让诗意之鸟栖息在心灵之上的机会？这让孩子何来想象力？何来创造力？

对于孩子而言，他们是需要想象的，没有想象的童年是可怕的，也是可悲的。阅读童诗可以让孩子学会想象，并在想象中纵横驰骋。创作童诗需要想象力，阅读童诗又是一种想象力的体验，让孩子跟着诗人和诗行，去想象，去飞翔，对他们的精神发育和成长有着非常重要的作用。

童诗之“悟”，引发孩子多元的思考

很多时候，我们的思维似乎已经短路，囿于一种固定的语言

习惯和思维模式，而童诗，有时候真的能让我们峰回路转，柳暗花明，给我们以启迪和思考。

向上跌了一跤

［美］谢尔·希尔弗斯坦

我给鞋带绊倒，
向上跌了一跤——
向上跌过屋顶，
向上跌过了树梢，
向上跌过城市上面，
向上跌得比山还高，
向上跌到半空，
那儿声音和颜色交融在一道。
我朝四周一看，
顿时眼花缭乱，昏头昏脑，
我的肚子在难受，
于是直往下掉。

（叶硕　译）

不同的角度、不同的维度，让孩子去发现，去感受，去思考，这是思维的多元化。孩子在成长，他们的骨骼在生长，个头在长高，他们的视野也会更开阔，他们的阅读也应该更广泛。所以，诗可以给我们警示，给我们哲思。阅读，可以让孩子更具思考力，更具思辨力，让孩子慢慢长大。

童诗之“真”，找到人生的出口，找到自己

每一个孩子都有不快乐的时候，这时就需要一个出口，来宣

泄，来表达，来诉说。有时候，他们会大叫，有时候，他们会哭闹。读一些童诗，若孩子们在童诗里发现自己，能够在文字中找到慰藉，找到平衡，找到出口，那该多好啊！

所谓童诗，就是属于儿童的诗，是让孩子自我感知、自我发现的文字，是让孩子感觉温暖可亲的文字，是能说出他们心声的文字。

有的时候

［美］夏·佐罗托夫

有的时候，没一个人爱我。
我只能把所有人的名字想一遍：
　　我恨玛莎。
　　我恨詹姆斯。
　　我恨萨尔玛。
　　我恨乔。
我认识的人，没一个爱我。

有的时候，所有的人都爱我。
我把所有的名字都想一遍：
　　我爱玛莎，
　　我爱詹姆斯，
　　我爱萨尔玛，
　　我爱乔。
我认识的人，全都爱我。

与孩子心灵相通的文章，是孩子最喜欢的。当有负面情绪需要释放的时候，我觉得孩子读着这样的诗，会很解气，非常痛快，不是吗？

在文字里释放，在童诗中找到出口，让自己安静下来，冷静下来，所以我说，童诗是有疗愈功能的。

童诗之“浅”，发现语言的密码

童诗之所以为诗，那是因为它有着诗歌的所有特质：语言纯净、简约，意境悠远，情感深厚，节奏鲜明……

诗歌是语言的艺术，而童诗的语言应该是“浅语”的艺术，短短几行，如白描般勾勒出丰满的意象，引发想象和思考，又有留白供人回味。

孩子们都喜欢有节奏的文字，特别是小小的孩子，他们更喜欢童谣儿歌。他们在阅读时喜欢用一些肢体动作来感受语言，分享快乐。所以，孩子们喜欢各种方式地读，有时拍手，有时跺脚，有时摇头，有时击掌。从童谣到童诗，孩子在长大，而他们阅读的诗性文本也在一点点升级。孩子们润泽在诗性文本之中，情感被熏染，语言在净化，对他们的口头语言和书面语言的表达，必然带来不一样的改变。

沙　发

（中国台湾）林良

人家都说，
我的模样好像表示
“请坐请坐”。

其实不是，
这是一种

“让我抱抱你”的
姿势。

短短三十几个字，诗人用几近白描的手法，写出了一个沙发的心声，这又何尝不是诗人的心声呢？多一点信任，多一些温暖，我们的世界会更加美好！

和孩子们一起在童诗里停留的日子，让我发现童诗在慢慢地、一点点地改变着孩子们的阅读生态，改变着孩子们的目光，改变着孩子们对世界的态度，也改变着他们的语言风貌。他们变得温暖而善良，他们变得活跃又有多维度的思考，所以我说，童诗，是孩子们连接世界的另一种方式；童诗，是童年最好的遇见。

（此为作者在第四届海峡儿童阅读论坛上的交流发言稿）

目 录

第一章 童诗说

第二章 爱的味道

第三章 时间的脚步

第四章　神奇的自然

第五章　可爱的动物

第六章　生活奏鸣曲

第七章　童诗训练课

第一章 童诗说

什么是童诗

中国是诗的国度，沿着时间的河流逆流而上，在文明的星空中，诗篇如星般闪烁在我们的历史长河里。

有了人类就有了诗歌，它在人们劳动的号子里，在人们行走的脚步里；它在日常生活里，在山川大河里；它是瞬间的感动，也是低头的沉思……孔子说："诗可以兴，可以观，可以群，可以怨。"《尚书》言："诗言志，歌永言。"

那么儿童诗呢？在我看来，儿童诗是适合孩子读的诗，可以是大人写的，也可以是小孩子自己写的。儿童诗是现代诗的一种，它必定有着诗的基本特质：纯净的语言，跳跃的节奏，美好的情感，丰富的意象，耐人寻味的思考……儿童诗因为是给儿童来读，因此，也有着儿童文学的特质：语言清浅，内容生动，情感向上，能给孩子带来美好的阅读体验和情感润泽。

住在一朵花里

丁　云

跟着一只蝴蝶的舞步
飞进春天的花丛里

风是绿色的手指
翻动着彩色的诗行
一只紫色的小甲虫
是一枚小小的书签

提醒着段落间
精彩的情节
忙碌的小蚂蚁
是快乐的句点
更多的故事等着你来
慢慢翻阅

要是你累了
就住在一朵花里
把自己深深地
藏进春天里

当春天到来的时候，缤纷的花朵，翻飞的蝴蝶，还有可爱的小蚂蚁，小小的甲虫……花丛里是那样的迷人，在花丛里穿梭，是不是一件非常愉悦的事情呢？在读这首诗的时候，我们能感受到诗歌语言的形象生动，同时又有强烈的新鲜感。绿色的手指，彩色的诗行，精彩的情节，快乐的句点，把我们带进了美丽的春天。这也是童诗语言的魅力。在所有的文学体裁中，诗歌的语言是最为特殊的，形象、简洁，有画面感，具有表现力和生命力。在诗歌创作中，诗人往往非常注重遣词造句，尽量用最少的文字来涵盖最大的内容。

妈妈有多大

丁　云

妈妈今年到底有多大，
这个问题我可不会回答。

在外婆面前，

好像她才只有十二，
每次都撒着娇有说又有笑。

在爸爸面前，
好像她今年二十二，
细声又细气样子可美啦！

在我的面前，
她却有三十二，
这个不行那个不行样子真可怕。

请你猜一猜，
我的妈妈到底有多大？

诗之所以为诗，是由于有着特殊的结构，那就是分行。分行是诗的外在表现形式，能帮助读者把握诗歌的脉络、阅读的停留。而诗歌的停顿，语言的断连，构成了诗歌节奏的内在形式。在《妈妈有多大》这首诗里，每节三行，“a”韵穿插其中，读起来，特别响亮合辙，一种温馨和快乐的情绪通过这样的节奏活泼地表达了出来。内容的平行交叉，语言的活泼轻快，呈现了诗歌的建筑之美、音乐之美，也就是诗歌内在的韵律之美。不过，儿童诗不像古诗那样，对韵律有着严格的要求；也不像儿歌那样，需要整齐的韵脚。儿童诗不一定非要押韵，只要读起来顺口，合辙、响亮就行了。

我不是一根肉骨头

丁 云

小狗，小狗，别跟我走，

我不是一根肉骨头！
小狗，小狗，你别叫，
我不是一根肉骨头！
小狗，小狗，你别跳，
我不是一根肉骨头！
小狗，小狗，你快走，
我不是一根肉骨头！

妈！妈！快快给我一根肉骨头，
我要把小狗打发走！

读着这样的诗，你的嘴角是不是会悄悄弯成上弦月？多么有趣啊！是啊，童诗是童年生活真实的映照，童年的快乐、童年的乐趣、童年世界的天真烂漫在童诗里也应该有自己的一席之地。因此，短短几行，却让我们看到一个孩子看见小狗时的紧张害怕，从发现小狗跟着，听见小狗叫着，看见小狗跳着，一直到紧张地喊妈妈来帮忙，可以看出孩子的可爱和天真，读来令人忍俊不禁。童诗有别于一般的诗，它是儿童的诗，是童年的诗，因此，很多儿童诗有着自然天成的童趣之美，稚趣之美。

街角的树

丁　云

好辛苦哦！
白天，睁大眼睛
照顾好来往的行人

夜晚，
睁着瞌睡的眼

目送着远去的车辆

上完白班上夜班
街角的树
头发一根根发黄
一天天掉落

秋风一吹，树叶慢慢变黄，慢慢飘落，你会先想到什么呢？岁月的更替，还是树叶的旅行？可能不同的心境，不同的状态，每个人的感受都会不一样吧！读着这一首诗，是不是有一种酸酸的感觉：好辛苦的树，白天和夜晚都在忙碌着，都在照顾着旁人，就这样，一天天憔悴，一天天苍老。读着读着，你会不由自主被感动，这就是诗歌的情感。不管是成人诗歌，还是儿童诗歌，情感是诗的血脉，是诗之所以为诗的很重要的一个元素。好的儿童诗应该是饱含情感，饱含对自然和生活的热爱之情。有了情感，诗才有生命，才能真正地打动人，感染人。

蚂　蚁

丁　云

如果
所有的小丘
都是高山
所有的小溪
都是汪洋
所有的草动
都是飓风
所有的前行

都是远征

那么就让我
把半粒大米
当成一顿美餐
把雨前搬家
当成一次旅行
把每一朵小花
当成整个春天
让小小的生命
笼罩在巨大的喜悦里

文学是思考的艺术，有质量的文字一定是思想的砾石，有深度有硬度。有思想的诗行也是诗人对人生、对生活思考的结果，让读者在阅读的时候能够体味象外之象、意外之意，为之动容，又发人深省。《蚂蚁》这首诗，用蚂蚁的口吻写出了一只小小蚂蚁对生命的思考，对生活的礼遇的态度，阅读之后给人一种感动和震撼，也引发人们的思考：身处困境当中，该如何面对命运的安排？值得一提的是，诗歌的思想性是丰满且形象的，不是空洞枯燥的说教，而是借助形象来说话。在这首诗中，转换了视角，让人感受到大和小的对比，是对小小生命的礼赞。

冬天的麻雀

丁　云

是一粒花苞
停在阳光的肩头
点亮苍白的天空

是一群树叶
长在光光的枝杈
温暖寂寞的大树

是串串风铃
从耳边轻轻滑过
向着春天飘去

诗歌是想象的文字，想象是诗歌的翅膀，简约的语言背后是强大的语言张力，给人留下很大的想象空间。诗是分行的，是跳跃的，诗人的写作是创造力的迸发，而读者的阅读需要跟着诗人的想象，来完成整首诗的审美过程。想象力是文学创作的必要元素，于诗更是如此。可以这样说，没有想象就没有诗歌。

冬天里，树干上一只小小的麻雀，会让你想到什么呢？跟着诗的脚步一起来想象吧，它是一粒花苞，还是一片树叶，或者是一串风铃？在寒冷的冬天里，令人神往，又让人温暖。这就是诗人的想象，也是读者的想象，一首诗的审美过程其实是读者和诗人的想象共鸣的过程。想象力就是创造力，优秀的童诗应该具有想象力，也应该能唤起、激发读者的想象力。

儿童天生是诗人

一个孩子，带着人类文明的印记而来，也带着人类最初的美好。孩子的年龄越小，他与这个世界沟通的方式越多。童年是一个人的诗歌阶段，他对世界的认知，是感性的，是烂漫的，也是随心随性的。而正是这样的发现，有别于成人世界的规则条文，显得特别可爱，显得稚趣十足，也充满了诗性。因此我们常常说，儿童天生就是诗人，就是说孩子的童心也是诗心，是童年对世界的应答，是成长道路上一道美丽的风景。孩子与童诗有着天然的亲近，因为他们的世界应该是用想象和幻想构建的，应该是用文学和艺术、用美重新构建的世界。

走在春天的路上，草木萌发，春风拂动，多少浪漫的情愫在孩子心中升腾，他们会跟你说些什么呢？你又会跟孩子说些什么呢？孩子会这样告诉你他的发现：

春天是矿工

罗瑾妤

春天
是最出色的矿工
带着春风和春雨
两位帮手
挖出了
大地上无数的
绿宝石

当春风吹过，春雨洒过，大地上多了一些绿色。看，小草冒出了嫩芽，花木吐出了新蕾，一切都充满了生机，充满了欣喜。罗瑾妤小朋友看到这一切，觉得春天挖出了一颗颗绿宝石，多么美好的发现，多么快乐的想象啊！

陶醉在烂漫的春光里，有人举起了手机，有人扛起了相机，那么你拍到了什么呢？先听孩子们怎么说：

拍　　照

袁子雯

梅花笑了，
好香呀！

我来给她们拍个照。
相片里只有，
一张张笑脸。
唉，香香的味道，
却被拍丢了。

孩子眼中的世界是不是给你更多的启发呢？手机里塞了满满的照片，你拍得出颜色、形状，可是，你能拍得出味道吗？短短的诗里带着几分哲理，是不是？

我们的生活似乎总是在机械地重复着，上班，下班，上学，放学，写作业……可是在看似平淡无奇的生活里，童诗会带你找到生活的乐趣：

弹钢琴

杨曦然

弹钢琴真有意思
手指按下去
鸟叫了
水跑了
鞭炮炸了
雷声传过来

我看看手指

它得意地看着我

孩子的视角就是这样有趣，弹琴弹累了，就兴之所至按下琴键，你听，那些声音，似乎是天籁，又似乎是手指的恶作剧。你再去看孩子弹钢琴，会不会多一点点启发呢？

小蚯蚓钻泥巴

陈善扬

起床了！

起床了！

唉，我假装听不见，

妈妈的声音。

我是一条小蚯蚓，

被子是草地，

扭一扭，

钻一钻，

我钻呀钻，

妈妈找不到我啦！

冬天里，孩子们都不肯起床，怎么喊都装作听不见。在孩子的世界里，她觉得根本就听不见啊！像小蚯蚓钻进草地深处。读着这样孩子气的文字，你是不是也会和我一样，忍不住笑呢。

连连看

郑理元

踢足球的时候

足球队员们
就好像在玩连连看
我连到你这
你连到我这
谁先连到对方的球门
谁就赢了

球场上的较量变成了一场好玩的游戏，连一连，多好玩啊！从踢足球想到了做游戏，生活在孩子脑海中架起高架桥，一切都是那么饶有趣味，那么生机勃勃。

当我们陪着孩子走出家门，来到草地上，你会看见孩子们在踢球，在放风筝，在释放着他们生命的能量。那些扬起脑袋看着空中飞舞的风筝的娃娃，脑子里会有怎样的想法呢？

快递员

葛轩承

我写了好多的信送给天空，
可天空太高了，
碰不着，
我请风筝做快递员，
给天空一封一封地送去。

在蓝蓝的天空下，五彩的风筝在云朵间穿梭，孩子们在奔跑，在雀跃，笑声在风中回旋。生命如此美好，而想象让生活更美好，不是吗？

这就是童年童言，孩子对待这个世界总是这样诗意，他们柔软地感知着这个世界：

妈妈怕什么

吕仪宁

我问妈妈
“你怕狮子吗?”
妈妈说不怕。

我问妈妈
“你怕老虎吗?”
妈妈说不怕。

“那你怕什么?”
“我呀,
就怕你生病。”

妈妈无意中的一句话，是不是触动了孩子柔软的心？童诗让孩子变得友好而善良，清澈又明亮。

站　岗

郑理元

春天到了
花儿们都来站岗

今天是我
明天是你

一个春天

就这样过去了

孩子天生就是诗人，就是哲学家。读着这样的诗，你还会低估孩子们的思考力和思维力吗？

“好看的皮囊千篇一律，有趣的灵魂万里挑一。”在天真烂漫的年龄，在孩子用想象、趣味构建的这个世界，我们不妨就跟着孩子一起，童眼看世界，看周遭的生活，读美妙的大自然，细细体会内心的情感，再用自己的话表达出来吧！

发现童诗的秘密

一、学诗从读诗开始

“儿童天生就是诗人”，是说每一个孩子都经过童年的诗歌阶段，每一个孩子的心中都有诗意的种子，每一个孩子心中都曾经住过一个缪斯。如果我们不加以呵护，不去发掘，孩子慢慢长大，他们诗意的翅膀就会消失，他们眼中看到的世界就是一个人云亦云的世界了，那是一件多么悲哀的事情啊！同时，他们对于文学的感觉，对于文字的敏感度也在慢慢消退，这真是一件可悲的事情啊！因此，童年时期，让孩子读诗，用文字唤起他们对世界的重新认知，去发现美、去感知美、去再现美，这是一件多么美好的事情啊！

没有一艘船能像一本书

［美］狄金森

没有一艘船能像一本书，

也没有一匹骏马能像，
一页跳跃着的诗行那样——
把人带往远方。

这渠道最穷的人也能走，
不必为通行税伤神，
这是何等节俭的车——
承载着人的灵魂。

读诗也是如此，它往往会给我们打开一个全新的世界，带来一种全新的思维，唤起我们对这个世界的多元感知，给我们以启发。因此，孩子学诗当从读诗开始。

不睡觉的小雨点

（中国台湾）林焕彰

小雨点，嘀哩哩，
嘀哩哩，嘀……
下来就下来嘛，
怎会有那么多话？
整夜都在屋顶上，
嘀哩哩，嘀哩哩，
不停地说话，不停地
弹上又跳下，
嘀哩哩，嘀哩哩，
好讨厌的，
不睡觉的小雨点呀！

在教孩子学习林焕彰先生的这首诗时，应在孩子们充分阅读的基础上，引导孩子思考：你看到了什么样的雨，你听到了什么样的雨，你读到了雨的什么表情……

对于我来讲呢？听着已经到了深夜还在不停滴滴答答的雨，再看看这首诗，我突然有所感觉，突然涌起一种冲动、一种热情，于是写出了这样的诗：

雨点的话

丁　云

滴滴—答答
滴答—滴答
滴滴滴—答答答

一大早
雨点从天上蹦下
一路招呼着大家

大树听懂了
陪着雨点玩蹦极

窗子听懂了
陪着雨点玩滑梯

草地听懂了
陪着雨点玩跳跃

小朋友们听懂了

陪着雨点玩跳伞

只有大人们听不懂
开着车走了
听不见雨点
敲着车窗大声地说话

小朋友们呢，在我创设的情境之下，他们也开始思考，也写出了自己的诗：

可怜的小雨点

徐心语

可怜的小雨点
从天上跳下来
就找不到回家的路了
只能
敲敲你的门
敲敲我的门……

是的，读了别人的诗，我们也可以写诗。但这并不是机械地模仿，而是我们在读诗时，心里的那份感动、那份诗情被唤起，那瞬间的感觉，我们要让它停下来，然后把它安排到诗歌里居住。写诗的方法有很多，这也是一种，让孩子写诗，不如让孩子先去别人的诗歌里“热身”，去寻找那一份诗歌的感觉。

二、在大自然中找诗

很多时候，我们往往无从下笔，不妨走进大自然，走到花朵旁边，走到大树底下，走到草地上，让大自然这个老师带我们去发现、去感知大自然的色彩、比例和美好。

春天的草地上，露水晶莹，踩在上面是什么感觉呢？小小的脚尖触摸着新鲜的嫩芽，那细微的感觉，生命的感动油然而生；草尖的串串晶莹，在微风中摇曳……带着孩子在草地上慢慢地、慢慢地行走；或者把草地当成一张大大的床，仰头看天空，不经意间，那小小的草芽在挠你的脚底，在跟你说着悄悄话……读过的诗在心里一遍遍地荡漾：

草　原

［日］金子美铃

露水晶莹的草原上
如果光着脚走过，
我的脚一定会染得绿绿的吧
一定会沾上青草的味道吧

如果这样走啊走
直到变成一棵草
我的脸蛋儿
会变成一朵美丽的花儿开放吧

（吴菲　译）

读着这样的诗，你会看到什么？光着脚穿过草地，露水打湿了你的脚心，走着走着，把自己走成了一棵草，把自己走成一朵花，多么美好啊！走在草地上，走在花园里，走在大自然中，孩子们就会从心田里流淌出有趣的文字：

小草的梦

谭语晗

晚上，
小草们都做了同一个梦。
梦被风姐姐看见了，
“呼呼呼”
风姐姐一吹，梦绽放了！
风姐姐一看，
小草们的梦原来是——
能变成一朵朵美丽的花！

大自然是最神奇的老师，总是把最美妙的、最美好的、最真实的一面呈现出来，一花一草，一树一木，一片叶子的飘落，一朵花的绽放……在自然面前，你的应答和解释都是苍白，大自然的哲思和趣味、美丽和萧瑟，一定会给孩子带来感动和感触吧！那就把孩子领到大自然面前，让他们与露珠聊天，和叶子说话，或者听花儿唱歌，看含羞草羞答答地展开舞裙，那一定是很神奇的事情，是不是？

三、诗长在天上吗？

很多时候，我们都喜欢埋头赶路，却忘记了我们头顶的蓝天和白云，日月和星辰。所以，很多时候，我们需要仰望星空，哪怕身在荒野。

蓝天如一张大床，云儿自由自在地躺着、卧着，蓝天就像游乐场，云儿在快乐地玩耍……

早晨的太阳，睁着瞌睡的眼，蒙蒙眬眬，用云毛巾擦擦脸，变得好明好亮……傍晚的夕阳有时贪喝几杯，醉醺醺地躺在山坡上，一不小心，就滚落在大海里睡觉去了……

到了晚上，黑黑的夜空你能看见什么呢？月亮胖了又瘦了，星星们聚了又散了，那些说不完的故事，还有突然的一阵风、一场雨，一次偶尔的抬头，是不是让你有突然心动的感觉呢？

彩　云

丁　云

黑夜刚刚离开
早起的云儿们
就忙碌起来
擦擦这片
擦擦那片
看啊
整片天空都变得
水蓝水蓝

太阳揉揉眼睛
看着忙不停的云儿
每人送一件
五彩的外衣

抬头看天，你会发现天空每天都写着新的故事，早上有早上的风景，晚上有晚上的色彩，春天的云和夏天的云长得不一样，上午的云和下午的云也有着不同的地方！就让我们带着孩子，走到宽阔的地带，等待一次日出吧；或者夕阳西下，坐在天空下，看一次日落吧，也许孩子会带给我们别样的发现，会唤起我们突然的心动。

明星和记者

吕仪宁

太阳当上了明星，
云儿们当上了记者。
太阳刚一出门，
哗啦！
云儿们全都涌了上去，
有的问太阳去了哪里，
有的问太阳今天想干什么。
太阳一溜烟跑走了，
云儿们都追了上去。

就这样，看看天，发发呆，让自己的脑子放放空，也许当风吹过的时候，当第一颗星星蹦上天空的时候，当弯弯的月牙对你微笑的时候，诗意就这样悄悄地在你心中种下了。

四、从大地上长出的诗

很多时候，我更愿意走在大地上，走在黑色或者黄色的土地上，走在长满野草或者庄稼的小路上，走在开满野花和长满大树的大道上，走在铺满绿草或者沙砾的平原上。

我时常看着一棵树出神，泥土到底教会了大树什么？生长，繁茂，一次次蜕变后的长大，一圈圈年轮记录下的风风雨雨。

我也常常站在一朵花前，向这份美好致敬。不管是丰满硕大的牡丹，还是细弱纤巧的小野花，也不管是红是黄，是紫是白，我都会深深地感谢它们给这块土地以不同的颜色。我更要向大地致敬，是怎样的神奇，给了那些种子以能量，让它们一点点发芽，一点点长大，然后有一天迸发，绽放……

写　字

丁　云

一棵棵树
是一支支铅笔
风儿握着它
正一遍又一遍地
练习写字

你看
山坡上
小河边
村子里
涂满了
歪歪斜斜
大大小小
越写越好看的
“春”字

带着孩子走近一棵树吧，去听听大树和孩子的对话；或者倚在大树的身上，听大树对你讲述的故事。去看看一年四季的树，春天的萌发，夏天的茂密，秋天的绚烂，冬天的寂寞，在每一个孩子心中种下一棵树，开放一朵花吧！

书

张子洁

小草是一本书
翻开来

是绿色的
再翻一页
还是绿色的
太阳照过来
绿色的书上
居然开出了一朵
美丽的小花

大地安静地铺开了稿纸，小树小花都忙着书写自己的故事，那么我们呢？是不是能读懂小嫩芽快乐的音符，花朵的表情，又或者是一片落叶的心思呢？

五、会跳舞的文字

诗是声音的跃动，是会唱歌的文字，是会跳舞的文字。童诗的舞蹈更是活泼自由而奔放的。童诗不被押韵束缚住手脚，不被节律控制了舞步。童诗的跃动就是自由、和谐，是一种内在的语言的感觉。

很多时候，我们可以张开眼睛看舞步，去感受诗行中的回旋激荡，或者是词语的跃动，跟着童诗一起雀跃，一起漫步。

过马路

丁　云

十字路口的斑马线
是一串串黑白键盘

爸爸踏过去
“嗒—嗒—嗒”

响起了一支进行曲

妈妈走过去
“踢—踢—踢”
响起了一支抒情曲

爸爸妈妈拉着我
“啦—啦—啦”
跳起了快乐的圆舞曲

中国的汉字就是这样神奇，带着音律美，带着节奏感。音韵感可以在句中，可以在句末，可以在句首，也可以是几个词语反复出现，或者是拟声词次第敲打着我们的耳膜。于是，诗歌的音律美就这样神奇地出现了。

节　　奏

殷梓馨

音乐课上，
手掌和鞋子吵了起来。

手掌吵着
——啪！啪！

鞋子吵着
——咚！咚！

——啪！咚！

——啪！咚！

“嗯，很好！
这才叫节奏。”
音乐老师说。

很多时候，我们需要打开耳朵去听听这些声音，去听听来自天籁的、来自我们身边的那些有趣而神奇的声音，去感受一下大自然和生命的节奏。这样，孩子们笔下的文字也将变得有节律，有趣味，也让我们的心一起快乐地舞动起来。

六、有趣的想象，有趣的诗

想象力，是一种神奇的力量，也是一种非凡的能力，拥有想象力的人是不可战胜的，人与现代智能的最大区别就是有想象、有情感。

想象是一个人的翅膀，想象力有多大，就意味着他的创造力有多大。创造力有多大，就意味着这个人可以飞多高，飞多远。

孩子天生就有想象的翅膀，可以让他纵横四野，翱翔八荒。年龄越小，想象力越无拘无束，物我世界混沌懵懂，跳跃的思维，蹦出来的话语常常会让你瞠目结舌。诗歌最大程度地再现了人们的想象，让现在和过去、让现实和幻境直接穿越连接，产生独特的美感。

种春天

丁　云

每一粒雪花
都是春天的一粒种子

这儿一颗
那儿一颗

这边一片
那边一片
……
直到把大地上撒得
严严实实

太阳公公才
满意地露出笑脸

冬天里一片小小的雪花，是什么呢？是小小的精灵，还是小小的信笺？也许每个人都有自己的答案，读读这首诗，诗人的想法真是与众不同哦！把雪花看成春天的种子，在大地上密密麻麻地种下，等待春天的到来，这不就是“冬天来了，春天还会远吗？”每一个孩子都有着天马行空的想象，因为他们没有成人的习惯思维，是对墨守成规的世界新鲜的启示。

豆　芽

陈黛儿

春天把豆芽音符
撒在大地上
让青蛙和蝉
在夏至的庆典上
演奏

春天里，看到小小的豆芽，孩子们冒出了很多想法。最妙的是孩子从春天的豆芽想到夏天时的歌唱家——青蛙和蝉，它们是照着春天的豆芽音符演唱的啊！

想象，是上天给孩子的礼物；想象，是飞翔的翅膀。让我们启发孩子去想象，去大胆想象，去合理想象，在想象中构建一个快乐的童年城堡。

七、长在家里的诗

诗不仅仅是风花雪月，也是锅碗瓢盆；诗不仅仅在大自然里，也在我们生活中。缺乏表现力，缺乏感受力，往往会成为孩子书面表达的障碍。其实当我们走进家门，你会听见，门锁和钥匙说悄悄话；你会发现，门咧开嘴巴没心没肺地笑；打开衣橱，就看见冬天和夏天在一起聊天；洗衣机里轰隆隆的声响，那是衣服在玩追逐的游戏……

着急的锅子

（中国台湾）谢武彰

吃午饭的时候到了
菜却还没煮好
弟弟等得好急了
妹妹等得好急了
小猫等得好急了

只有妈妈最辛苦了
还不停地忙着
急得脸上都是汗

我赶快来帮忙

打开锅子一看
呀！锅子也急坏了
他也满头大汗呢！

是谁说熟悉的地方没有风景？只要去感受，去观察，去体验，你就会找到诗，就能发现诗，就能读到诗。

衣　　橱

张诗童

夜晚
静悄悄
只有衣橱最热闹

“哥哥”和“我”
叽叽喳喳
“妈妈”一瞪眼
立刻乖乖
“爸爸”一笑
大合唱又开始了

你看，只要留心观察，只要细心体验，在你的书房、厨房、卧室，甚至盥洗室里，都能找到诗。

八、黑板上长出来的诗

人们常说，诗在远方。其实不然，带着一颗诗心，你会发现诗无处不在。在树林，在草地，在天空，可是你在教室里能找到诗吗？让我们走进教室，换一种眼光来看一看我们最亲爱的书包、文具，看一看我们最熟悉的桌椅、墙壁，试着用诗的形式把你的感受表达出来吧！

钓

丁　云

一支支粉笔钓竿
坐在黑黑的池塘边垂钓
有时钓出一个故事
有时钓出一首诗
有时钓出一幅画
有时钓出一串音符
呀！
最好玩的是
从黑黑的池塘里
钓出我们五彩的笑声呢！

上课的时候，老师在黑板上写字，小朋友们认真地听，仔细地看，看着，看着，会不会有新的发现呢？这短短的、小小的粉笔，多么像钓竿啊！一会儿写出了一个故事，一会儿写出了一首诗，一会儿解了一道题，一会儿画了一幅画，一会儿又是一首诗……这支粉笔钓竿是不是特别有意思呢？

其实，走在教室里，走在地板上，坐在椅子上，打开书包，打开文具盒，也能找到诗哦！

字和橡皮

周贝熙

我是一位大厨师，
字是饭菜，

橡皮是客人。
橡皮想吃东西，
我做了好多盘饭菜，
给橡皮吃。
橡皮客人吃啊，
吃啊，
吃啊，
吃啊，
咦？怎么越来越瘦了？

橡皮帮我改正错别字，可是孩子们可不这样认为：有人认为橡皮喜欢和字玩隐身的游戏，有人认为橡皮就像一个战士，投入了一场又一场的战斗……所以每个孩子都有独特的感觉，是不是？带着自己的感受去看橡皮，去看铅笔，去看本子，去看我们的教室，一定会有新的发现。

九、你看过风的表情吗？

在大自然中，最神奇的要数风了，你看不见它，可是却可以感觉到它。有时候，它会很好心，在夏日帮我们一遍遍地把热气扇走；有时候，它会很顽皮，把我们戴的帽子抢走；有时候，它很神奇，走过秋天的树林，所到之处，一片灿烂……

风一定是瘦瘦的，不然，窗子关得紧紧的，它怎么可以挤进来；风一定是个大力士，不然，怎么可以把大树连根拔起……

在风里，伸出双手，想要抓住风，即便握得很紧，它也消失得无影无踪；可是，它又无处不在，吹动你的头发、衣服，甚至在脸上留下一句悄悄话……

风

丁　云

妈妈说，
你看，风儿有多好，
一有机会就打开书来读，
你要向他多学学。

我和风听了，
一起偷偷地笑。
妈妈不知道，
这是风儿和我
一起来嬉闹。

嘘，风儿，小声点！
千万别让妈妈听到，
把你关在窗外，
咱俩的游戏就要结束了。

风在哪里？在天空，在林间，还是在草丛呢？每个季节，风都不一样；每个地方，风也不一样，是不是？

你会和风在一起做什么呢？捉迷藏还是比赛跑步？每个人都会和风有着不一样的故事吧！也许当此刻有风吹过的时候，你正在写着新故事呢……那是什么样的风？可怜的，淘气的，顽皮的，善良的，急性子，慢性子，还是……

可怜的风

丁睿康

风真可怜

被我们装在了
电风扇和空调里，
可能他们这辈子
都出不来了

孩子站在风中，风穿过孩子的手指和发梢，让孩子突然有所悟，有所得……你看，当电风扇和空调轻轻启动的时候，风也来了，那风是不是被关起来了呢？又或者夏日的风在田野上滚动的时候，或者在草地上跑步的时候，那时的风对你又有怎样的启发呢？

风有颜色吗？风有表情吗？风有自己的小秘密吗？是男孩子还是女孩子？问问孩子吧，每个孩子都会有不同的答案。

十、亲亲一家人

每个家都有自己的故事，每个家里都有爸爸和妈妈。这是我们陪伴最久的人，也是我们最熟悉的人，我们喜欢他们，但是有时又觉得有点不太满意，是不是？可是，爸爸出差了，我还是和妈妈一起数着日子等着他；每天一放学回家，一定要找到妈妈，我才算真正地回家。

妈妈像一条鱼

雪　野

电话机
像鱼钩
钩住了妈妈的嘴
妈妈的耳朵
（好长时间了）

我轻轻地走过去
鱼钩还紧紧地钩着
妈妈的耳朵
妈妈的嘴

走过去
走近些
我才发现
拿鱼竿的
是远方的爸爸

每一个家庭都有自己的趣事，妈妈的唠叨、爸爸的严厉，或者妹妹闹的笑话，都会成为美好的回忆。而你呢？是幸福的小浪花，还是一棵小树苗？去发现生活的细节吧，去寻找家里的欢笑吧，你会品尝到爱的味道。

爱变的妈妈

刘亦玲

早晨的妈妈
是一个小小的闹钟，
叮，叮，叮，
起床啦，起床啦！

送我上学的妈妈
就是一个复读机，
小尺带了吗？橡皮带了吗？

晚上的妈妈是一个计时器，
还有十分钟，还有五分钟，
睡觉啦，睡觉啦！

每天陪伴孩子最多的可能就是妈妈了：妈妈每天的唠叨，每天的不放心，每天为孩子精心准备饭菜，几乎都成了一种习惯。让我们细细地品味妈妈的每一道目光，感受妈妈对我们的关心。如果说妈妈的爱看得见，那爸爸呢？每一个爸爸都是不一样的，可是每一个孩子的爸爸都是一样的，去发现，去感知，你会发现你们一家人每天都发生着好玩的故事。

十一、可爱的想法，可爱的诗

一个人对着天空发呆的时候，常常会有一些傻傻的想法冒出来，要是我是天空中的一朵云，我会干什么呢？要是白色的棉花糖落在我手心里，我会飞上天吗？要是我穿上大树的衣服，我是不是就可以听小鸟的故事……

黑夜是个大怪兽

丁　云

黑夜是个大怪兽，
太阳一下山，
就张大嘴巴，
把房子呀、道路呀，
还有我的家，
一口全部吞下。

还好，我有一个
勇敢的爸爸，
只要他把灯一开，
光明
就把怪兽赶走啦！

虽然没有翅膀，我们却可以飞翔，那是因为我们有想象力。是的，想象力是我们最为宝贵的财富，能让我们感受到飞翔的乐趣。冬天来了，大地上一片萧条，什么都没有了，那是为什么呢？最最朴实的答案是天气太冷了。如果是充满想象力的回答呢？也许是都躲起来和冬天捉迷藏了。对于稀松平常的事情，我们不妨发挥自己的想象力，让自己“飞”一下。

伞

韦　一

今天下雨，
人们都打伞，
可是，
云看不懂
地上为什么会开这么多花？

下雨了，小朋友们都打着伞，大家就像一朵朵小伞花，这样的想象不足为奇。可是小诗人却换了视角，从云的角度来思考，来追问，地上为什么会开这么多花？这样一来，小诗就特别可爱有趣，是不是？

让我们偶尔发发呆，想一想，会不会冒出一咕噜一咕噜可爱的想法呢？

十二、好好吃的诗

诗好吃吗？当然好吃！巧克力有巧克力的味道，冰激凌有冰激凌的味道……糖果一定是甜的吗？怎么会吃到苦味？我们品尝过的生活的滋味，都可以在童诗里找到。张开嘴巴，你吃到了什么诗？

白云的味道

丁　云

谁说不知道，
白云的味道？
在街的一角，
老奶奶天天
摇出朵朵白云。

草莓味的云……
柠檬味的云……
巧克力味的云……

只要花上一枚硬币，
白云的味道，
马上知晓！

天上的白云是什么味道呢？你是不是也想来尝一尝？你看，街头的老奶奶——正在卖着棉花糖的奶奶，不就是在卖出云朵吗？花上一元钱，买一朵白云尝一尝吧，你会尝到天空的味道。

睡　袋

赵泉森

橘子是一个睡袋
你看
一打开
许多月亮娃娃都
睡在里面

打开橘子，你看到了什么？一只小船，还是一个月亮？是一个秋千还是一盏台灯……不同的孩子去看，一定有不一样的发现；不同的心情去瞧，也能瞧出不同的意味吧！当我们张大嘴巴，用牙齿和舌头来感知味道的时候，也可以动动脑子，诗意也许随着食物的味道一圈一圈在回荡呢！

十三、是童话，也是诗

童话是童话，诗是诗，如果我们来做做加法，童话+诗=？哈！童话诗，原来诗里也可以讲故事，诗里也可以有童话，短短的，小小的，也特别有趣味。一起来读读看。

晒衣服

丁　云

淋了水的衣服
是个受委屈的孩子
皱起眉头缩在阳台上
滴滴答答小声哭

太阳妈妈抱着他

哭声渐渐小了
眼泪一点一点干了

风儿姐姐拉着他
他就摇着身体
开心地跳了

诗里有故事，那件湿湿的衣服，缩着身子，水一滴一滴落下来，不就是在小声地哭着吗？故事在这里与童话和诗得到了完美的结合，多么生动啊！

小鱼卖泡泡

张　伟

小鱼卖泡泡
乌龟来买了
一拿就破了

海星来买了
一碰就没了

鲨鱼来买了
一吹也破了

珊瑚来买了
一看也没了

小鱼的泡泡

全是不合格的

一个也没有卖出去

有时候好玩的故事会突然咕嘟咕嘟从心头冒出来。有趣的想法、有趣的情节、有趣的对答，我们可以用长长的句子记下来，慢慢地讲出来，那就是一个故事。如果把这个好玩的故事用诗行的形式记录下来，那就是童话诗了。读起来有情节，有变化，然后还有结尾，相对完整，是不是特别有意思！短短的小童话、微童话也是诗哦！

十四、小小虫子也好玩

在大自然中，花草树木里能找到诗，一粒水珠里映出一个透彻的世界，那小虫子呢？它们在地上，在草尖上，在泥土深处，在高高的树干上，它们和我们人类一样，都是大自然的居民。很多时候，我们弯下腰，蹲下身子去看望它们，拜访它们，会发现它们有它们的生活，它们有它们的想法，我们会发现一个神奇的世界。

蜘　蛛

丁　云

沿着一根

稻草　慢慢

爬

爬

爬

走走　　来来

停停　　回回
停停　　回回
走走　来来

可以打个盹儿
可以荡秋千

这样的生活
真让人羡慕

小小的蜗牛、小小的蚂蚁、小小的甲虫，也是大大的世界，有大大的故事。在诗人眼中是如此，那在孩子的世界里呢？

写　字

胡译文

蚯蚓老师上课啦！
小蚂蚁是学生。

今天学写数字 1、2、3。
蚯蚓老师拉直身子，
在草地黑板上
写出一个“1”。
小蚂蚁也拉直身子
写出一个“1”。

下面来学“2”。
蚯蚓老师一弯身子，

在草地黑板上
写出了一个“2”。
小蚂蚁怎么也拧不过来。
可怜的小蚂蚁
只会写一个“1”。

虫子世界，气象万千，小小的触角、小小的爪子，触摸着这个世界，在小小天地演绎着好玩的故事。虫子有虫子的快乐，虫子有虫子的烦恼，去观察，去体验，歪着脑袋，瞪大眼睛，竖起耳朵，让自己变小些，变小些，和蚂蚁一样小，和蜗牛一样慢，你会有新的发现哦！

十五、石头会说话

打开耳朵，你会听见很多很多的声音，有爸爸妈妈说话的声音，有同学们的歌声，有麻雀的叽叽喳喳，有雨点的滴滴答答，有风儿吹过的哗哗哗，还有雪花轻轻落地的一声叹息。可是，你听过石头说话吗？它们在大路上，在墙角里，在公园里，你听见它们在说什么了吗？

小石头

［日］金子美铃

昨天摔着了
娃娃。
今天绊着了
驮马。
明天会有谁
经过呢？

乡下的小路上，
小石头
在红红的夕阳下
满不在乎的模样。

（吴菲　译）

万物皆有灵，哪怕是乡下小路上的小石头。把娃娃摔着了，把驮马绊着了，还一副满不在乎的模样，这是一颗多么淘气的小石头。原来石头也有情感，也有性格，也有情趣。原来，石头里也能蹦出好玩的童诗。

电水壶

吴　婷

电水壶真有趣
爱把冷水喝下肚
过了一会儿
他就冒热气
急急跟着我们打招呼——
呜呜，呜呜
快点把我放出去

细心地观察这个世界，打开你的耳朵，睁大你的眼睛，你会听见别人听不见的声响，你会看见别人看不见的故事，山间的石头，叶片上的露珠，静静的河流，低垂的麦穗，它们在说着自己的故事，它们也有着自己的世界，是不是？静静地倾听这个世界吧！

十六、我就是我，不一样的我

我就是我，平凡而普通的我；我就是我，不一样的我。我们常常这样问自己，我是谁？我仅仅是妈妈的孩子吗？我是谁？我一定要是我自己吗？我为什么不是隔壁家的孩子？我为什么不能像小鸟那样自由飞翔？我为什么不能像院子里的那棵树可以咕噜咕噜地冒出一朵花来呢？那我又是谁呢？

流　星

丁　云

书上说，
每个人都是一颗星星。
那我做什么呢？
做北极星，
还是天王星呢？

我想了半天，
不如做一颗流星吧！
天天在太空
免费旅行。

有人说，孩子是花朵，孩子是太阳，孩子是天使。每一个人都有自己的想法。我是什么呢？我是一颗星星，什么样的星星呢？流星，可以到处旅行，这样的想法是不是很有趣？

我是什么，我有自己的想法，我有自己的世界，我有自己的思考，我就是我，是不是？

被　子

洪恩博

我把被子披在身上，

我就是超人，
拯救世界。
我藏在被子里，
我就是隐形人，
谁也找不到我。
我把被子盖在身上，
坐在客厅看电视，
被子就是暖宝宝。
夜深了，
温暖的被子抱着我，
做一个甜甜的梦。

我是谁？是隐身人，是超人……我希望你们能听见我的声音。是啊，无论是孩子还是大人，无论是个子高高还是身材小小，我希望每一个生命都能自由地生长，每一种声音都是独一无二的，都是与众不同的，都是自己的声响。

十七、凝神思考也动人

很多时候，我们匆匆赶路，却忘记了停下脚步，稍稍做一点停留。行走着、忙碌着，有时把自己淹没在琐碎当中，或者被日复一日的劳役拘住了心，忘记去发现，去思考。

蝉

丁　云

在烈日下歌唱
在黑夜里歌唱
在暴雨后歌唱

在狂风中歌唱

知——了——
知——了——
讥笑也好
非难也好

在黑暗里等待了太久
怎么能拒绝歌唱？

你看，就这样，简简单单，形象明了，人生的思考就渗透在短短的几行文字当中。在阅读中多读几遍，细细思量，就若有所悟，若有所思，是不是？

其实，对于孩子而言，世界就摆在他们的面前，他们也有着自己的发现、自己的思考，会在不经意之间，突然有所悟，突然有所得。

小草的力气

赵泉森

小草的力气真小
我轻轻一碰
他就倒下了

小草的力气真大
大石头压着他
他也不趴下

有时候，我们真的需要驻足停留，去倾听每一个孩子的发现。在花朵上，在大地上，在天空上，他们有顿悟，他们有思考。蹲下身子，去听听他们的思考吧！

十八、只是突然被打动

文章以情动人，诗更是如此，情感是诗歌的血液。有了情感，诗歌才有生命力，才有生长力。只有饱含着对自然、对社会、对生活最丰厚的情感，笔下的文字才能把读者打动。

温　暖

丁　云

妈——妈——
我轻轻地喊了一声

妈妈说
听到你的叫声
我的空空落落的心
一下子塞得
满满当当

什么是温暖？听到孩子的叫声，心里就满满的，那就是妈妈对孩子大大的爱啊。读着读着，是不是有一种温暖、一种温馨呢？

眼　泪

刘玥昕

妈妈倒开水，
不小心把开水倒到外面了，
杯子烫得直淌眼泪，
我在一旁看着，

忙去拿手巾擦擦，

杯子这才不哭了。

开水倒在杯子外面了，那是杯子被烫得直淌眼泪。每次读着孩子们这样自然而又深情的表达，我总是有一种感动，一种肃然，在孩子眼中，这个世界真是有情有义啊！

当我们对周围的美熟视无睹的时候，当我们对家人的照顾毫无知觉的时候，当我们把别人的付出当成理所当然的时候，走向诗歌吧！诗歌会让你变得柔软，变得善良，然后用文字说出爱、同情和怜悯。

诗是什么？一个孩子这样告诉我：

诗

吴书影

妹妹问我，

诗是什么？

我告诉她，

诗就是你脑子里想的东西，

妹妹笑了，

哦，原来

诗就是

巧克力！

诗是什么？诗是落花，是小小的蚂蚁，是高高的大树，是黑夜的星光，是林中一阵微风的颤动，是孩子飞翔的笑声，是路灯在黑夜中的守望，是雨点在屋檐上来回蹦跳……

诗是什么？我想，每一个人心中都有一个答案。于我，诗是突然的心动，诗是一阵风吹过在心中泛起的涟漪，诗是不得不用文字记录下的一段旅程。

第二章 爱的味道

世界上最帅的人

——释放自己的情绪

世界上最帅的人

冯文轩

你知道世界上
最帅的人是谁吗?
是他? 还是他?
全不对,
告诉你们
世界上最帅的人,
就是我爸爸。

——题记

火热的六月是一个忙碌的季节，考考考成了主旋律，高考忙完是中考，而中考考完就是小朋友们的期末考了。忙碌的六月里，还隐藏着一个小小的浪漫和温馨——第三个周末是父亲节。孩子的成长，离不了妈妈的呵护，更离不了爸爸的疼爱。妈妈的爱，孩子们能看得很清楚，而爸爸的爱呢？有点含蓄，有点深沉，孩子似乎很难觉察到。

带着几张图片，还有两首小诗，我们开始今天温暖的话题：

画面上是孩子和父亲在一起的幸福的时光，有背在背上的，有抱在怀里的，还有牵着手一路向前走的。看到这一幕，孩子们会想到什么呢?

孙旭站起来就说:“小时候,爸爸的背是一个摇篮,每天带着我去看外面的世界。”

好温暖的感觉啊!长大之后呢?

孩子静静地站着,一时答不上来了。是啊,在爸爸背上如快乐的小鸟叽叽喳喳,那是小时候的温暖记忆,而随着年龄的增长,似乎跟爸爸少了许多的亲近。

“现在,你是不是经常会拉着爸爸的手,这又让你想到了什么呢?”我示意孩子再想想看。

不一会儿,孙旭送出了他的诗:

爸　爸

孙　旭

小时候
爸爸的背是一个摇篮
带我去看外面
大大的世界

等我长大了
爸爸的手变成了一个暖袋
牵着我去散步
风再大,天再冷
爸爸握着的手
一直暖暖的

男孩眼中的父亲是这样的,那女孩眼中的父亲又是怎样的?吕仪宁告诉我们,她的爸爸是她的玩具?玩具?孩子们都笑了。

“爸爸总是做出鬼脸逗我开心。”

“怎么逗你呢？”“我不开心的时候，爸爸逗我笑……”

“那是什么玩具呢？是不是像嘻哈猴呢？还有失望的时候，难过的时候，你爸爸会变成什么呢？”一起看看这个小姑娘眼中的父亲吧：

爸爸玩具

吕仪宁

我不开心的时候
爸爸就变成了嘻哈猴
逗我笑

我失望的时候
爸爸就变成了励志猫
给我鼓劲

我难过的时候
爸爸又变成了泰迪熊
好温柔

我不听话的时候
爸爸就变成了大老虎
啊！好害怕

听了吕仪宁的小诗，小朋友们都笑了。是啊，爸爸好像就是这个样子的，有点喜怒无常哦！

我们一起来看看林良爷爷是怎么写父亲的：

爸爸回家

（中国台湾）林　良

每次听到您
下班回家的脚步，
我心中的快乐，
就像好不容易完成了一幅拼图。
爸爸，
我们这个家的拼图，
是一块也不能少的。

这是一首让我动容无数次的诗。在家里，爸爸好像是最忙的，常常最后一个回家，孩子好希望爸爸早点回家陪他一起玩，一起吃晚饭啊！当门前终于响起爸爸的脚步声，孩子就会开心起来，快乐起来。那喜悦那快乐，似乎就像好不容易完成了手中的拼图，那种心情真的无法言表。而现在，这样的一首诗放在孩子面前，他们能读出什么呢？

孟佳艾说："我读出了温暖，希望我的家是完完整整的，团团圆圆的。"

胡译文说："我读出了一种爱。爸爸的脚步声一听就知道了，感受到"我"对爸爸的爱，接下来，爸爸的样子就慢慢地出现了，一家人在一起，很温馨，很有爱。"

是啊！爸爸的脚步声，孩子一听就听出来了。全家在一起的感觉好幸福啊！

在孩子们的发言中，我感觉孩子们能够从林良爷爷选取爸爸的脚步这一个很独特的角度，读出他对爸爸的喜欢，同时感受到浓浓的亲情和温暖。

我带着孩子又读了汤锐的《等我也长了胡子》，让孩子们看到了另一个爸爸。

通过这样的对比阅读，孩子们感受到了生活的丰富性，也理解了自己的爸爸。

是啊，爸爸就是这样，有时候很有耐心地陪我们玩，有时候又有点脾气，让我们不知道说他什么好。

一起来看看孩子笔下的爸爸吧！

吹牛大王

谭语晗

“我会爬树”
“我可以摘下星星”
……
爸爸又在吹牛

“我给你一个城堡”
爸爸这次没吹牛
他真的给我一个
沙
　滩
　　城
　　　堡

看来，谭爸爸是一个可爱的爸爸，也是一个很有爱心的爸爸！

爸爸的时差

丁睿康

爸爸和我一定有时差

要不然
爸爸口中的“一会儿”
怎么变成了我眼中的“两个小时”

这是一个忙个不停的爸爸！我要告诉丁爸爸，可别总是敷衍孩子哦！

大熊掌

刘心悠

咦？
难道是
大熊掌吗？
软绵绵
热乎乎的，
一直陪我到天亮
哦！原来是爸爸啊！

刘爸爸，好温柔啊！是不是？

快一点

夏鑫宇

爸爸总是催我
快一点，快一点！
可是去公园玩的时候
我和妈妈都准备好了
你还没好
爸爸，你也该
快一点啦

当我们总是说孩子拖拖拉拉的时候，夏爸爸，你有没有想过，要做孩子的表率呢？

喝　酒

韩　昊

爸爸爱喝酒
晚上又出去喝酒了
“什么时候回来？”
“快了，快了！”
“到底什么时候回来？”
“快了，快了！”

很晚了
我睡觉了
好梦做了一半
爸爸才回来
“砰”的一声
把我都吵醒了

韩昊的爸爸，你是不是该注意一下孩子的感受呢？

生活是五彩的，折射到孩子眼中也是多元的。很多时候，我们似乎已经忘记了去爱、去感动，诗歌却将我们唤醒，让我们感受每一次心动，体味每一个细微的表情。诗歌不仅仅是一草一木，也是生活中的锅碗瓢盆；不仅仅是风花雪月，也是我们平平凡凡的生活。感受大自然的赐予，感受亲情，孩子的心中、孩子的笔端一定会流淌出一种善良、一种温暖。即使不写诗，听听小伙伴们的心声，也是一种触动、一种启发吧！

学诗不一定要去写，有的时候读读诗，想一想自己，也是非常美好的。就像《爸爸回家》的温暖，还有《等我也长了胡子》里对爸爸的稍稍的责备，另一种感受，另一种表达，对于孩子来说，不也是一种思维的启迪、情感的渲染吗？与诗歌一起行走吧，让情绪在这里释放，让情感在这里飞扬吧！

最疼的请求

——找到自己的表达方式

一转眼已经是五月了，今天是 5 月 13 日，明天就是一个温馨的日子——母亲节。母亲，多么温暖的字眼。每每想起母亲，心中会有一种幸福感在荡漾。想到不管何时何地，这个世界上有一个最疼我的人，最爱我的人在，每天就像踩着阳光生活。即使有雨，也能躲到伞下的小晴天里去！我们的孩子们呢？跟我们小时候比起来幸福多了，爷爷奶奶宠着，外公外婆惯着，爸爸妈妈爱着，快快乐乐地长大。多好！

于是，我用一组诗歌，把孩子们带进了母爱的怀抱：

心

［日］金子美铃

妈妈是个大人，
个头儿很大。
可是妈妈的心
却很小很小。

因为，妈妈说过，
小小的我是她心里的全部。

我是个小孩儿，
个头儿很小，
可是小小的我，
心却很大很大。

因为，那么大的妈妈，
也装不满我的心，
我还要想很多很多事呢。

（徐蕾　译）

在诗中，孩子找到了自己的妈妈，她在每天的唠叨里，在每天在早餐里，在书包里，在每天带的便当盒里……是的，他们看到了，看到妈妈的目光一直注视着自己。

读完了诗人笔下的妈妈，那就来说一说自己的妈妈吧！

我先让孩子们来读一读“妈妈”这一个温暖的词语，有的孩子读得深情，有的孩子读得亲切，有的孩子读得天真，有的孩子读得急切，而我则希望孩子通过朗读能够看到自己的妈妈。

“说一说你眼中的妈妈吧！”我对孩子们说。

“我的妈妈很爱我，她说，她把我生下来的时候，一整夜都看着我。”王腾一脸幸福地说。

“我的妈妈有点儿粗心，在外婆家洗碗的时候，”耿悦清站起来有点不好意思，“她还把碗给打碎了！”

“哦！”我顿了顿，问，“那么你的妈妈有没有细心的时候呢？特别是在对待你的时候。”

“有啊，每天为我准备好好吃的！”小馋猫！班上的小朋友们都笑了起来。

“粗心和细心，多好的话题啊！”我说，“你是不是可以用诗行表达出来呢！”

一起来看看耿悦清粗心又细心的妈妈吧：

妈　　妈

耿悦清

我的妈妈很粗心
在外婆家洗碗
还把碗打碎

我的妈妈很细心
每天早晨从来不会忘记
在我包里放好
我爱吃的水果

丁睿康说：“我的妈妈喜欢种花，家里到处都是花。”

花儿和孩子，多好的意象啊！我就追问下去：“你觉得你妈妈最喜欢哪盆花？”

“她啊！”孩子挠挠头，“好像都蛮喜欢的。”

“哦，我倒是知道她最喜欢哪盆花儿呢。”我笑着说，“不就是你吗？”

孩子恍然大悟，若有所思，又会心地微笑。

“我的妈妈会变脸，”郑理元说，“她一会儿是晴天，一会儿是阴天。”

“哦！为什么呢？”

“我考得好的时候，就是晴天；我考得不好的时候，就变成阴天了！”

“原来你的分数是天气预报啊！”我笑着说。

妈妈的脸

郑理元

妈妈的脸会
七十二变

我考了一百分
她的脸是
夏天的太阳
灿烂　明媚

我不开心的时候
她的脸是
春天的微风
温暖　柔和

我调皮的时候
她的脸是
秋天的傍晚
有点阴沉

和我一起游戏的时候
她的脸变成了

夏天的早晨

开心　明亮

“我的妈妈是个厨师。”吕仪宁站了起来。是的，我知道，天下所有的妈妈为了孩子总会变成大厨的。

“你妈妈会烧什么菜？”

“妈妈烧菜喽，第一道，红烧试卷。”

啊！全班同学都哗然了。原来全班孩子都“吃过”这样的菜！

“第二道菜，糖醋课外书。”

“第三道菜，清蒸练习题。”

好嘛！这孩子！

“看到我们小区里的鸽子每天都会按时回家，我就想着，我长大以后，不管多远，都会回家。”周栾妍站起来说。

妈　妈

周栾妍

我是一颗
小小的石子
妈妈就是雨点
湿润了我的心

我是一朵
小小的花儿
妈妈就是大树
为我遮风挡雨

等我长大了

我就是一只鸽子

不管飞多远

永远不会忘记回家

……

后来，在孩子们交来的作业中，有一首诗让我惊呆了：

最疼的请求

丁睿康

世上最疼的请求是什么？

爸爸不知道，

爷爷不知道，

直到弟弟出生那天我才知道，

是我对妈妈说：

“妈，我想要一个弟弟。”

孩子不是缩小的成人，他们有思想，有情感；他们会观察，会发现。我也发现，学诗的孩子内心非常柔软，他们能体会、能感受到更多情感。他们从妈妈的唠叨里，从妈妈的眼神里，从妈妈责备的目光中，能捕捉到各种情愫。但是他们并不是被动地接受，他们有自己的主见，有自己的想法，对于作业的问题，对于生二宝的问题，他们有自己的理解和看法。而诗歌绝不仅仅是用来抒发小小的情怀，也应该成为孩子表达情怀的出口，成为他们的传声筒，这样诗歌才会有存在的意义和理由。我希望诗能够让他们成熟、成长，能够在纷繁的世界中，找到属于自己的声音，找到自己的表达方式。

妈妈，哦，我亲爱的妈妈！

——多角度地表达自己的情感

小猫有自己的妈妈，小鸟有自己的妈妈，我们每个小朋友都有妈妈，对不对？说起自己的妈妈，你一定有说不完的话题。你的妈妈很爱美，穿着高跟鞋逛起街来，一点都不累；他的妈妈爱玩手机，找不到手机就跟丢了魂一样；她的妈妈喜欢养狗，整天围着狗转悠，比对自己的孩子还要上心……都不是！

我的妈妈就是我的妈妈，她和其他人一样，也和其他人不一样，对不对？

我觉得我的妈妈是逗号。？逗号！标点符号？是啊！因为她总喜欢唠叨，从起床开始唠叨，吃饭时唠叨，出门时唠叨，回来时唠叨……一起来读读这首诗吧！

标点符号

丁　云

妈妈是逗号，
整天唠唠叨叨没完没了。

爸爸是冒号，
发号施令威风得不得了。

我是省略号，
说话有点结巴总是惹人笑。

那爷爷呢？
唉！还躺在医院里，
只好当病号。

读了这首诗，你是不是觉得很有趣？标点符号成了我的一家，不过也很有道理，是不是？妈妈总是这也不放心，那也不放心，什么事情都会千叮咛万嘱咐，没完没了。爸爸就不一样，家里的大事都是他做主，所以他就是冒号，就是领导。我呢？有点儿结巴，说起话来别人总会笑话我，所以我就是省略号！爷爷呢？爷爷生病了，就是一个病号。诗的题目是标点符号，可是病号放在这里，一点儿也不突兀，还多了几分趣味，是不是？

你看，我们把妈妈比作了逗号，把人写成了一个物，就是拟物的方法，读起来也蛮有趣的。

细细品味妈妈的唠叨，能不能读出妈妈对我们的爱呢？是呀！我们成长的每一步都离不开妈妈的牵挂，妈妈的操劳。

妈妈把自己的爱藏进每天的早餐里，放进暖暖的被窝里，缝进崭新的衣服里……你觉得你的妈妈是什么呢？想一想，说一说。

妈妈用她的爱给了我们一个温暖的家，一方没有委屈的天空。

每一个妈妈都有爱好，有的爱美食，有的爱看书，有的爱看电影……说起我的妈妈啊，她最喜欢逛街，一看见好看的衣服，就挪不动脚步了，于是我就写了这样的一首诗：

逛　街

丁　云

服饰店是

一个又一个的陷阱。
妈妈一不小心
就掉了下去。
爸爸为了救她，
也掉了进去。

坐在电动大马上的我
只好一次又一次
用哭声把他们拽上来。

妈妈去服饰店试衣服，还让爸爸来瞧瞧，把小孩子扔在店门口的电动玩具里了。这是生活中常见的场景，可是在诗歌里却有着不一样的表达。服饰店成了一个陷阱，让妈妈不知不觉就掉了下去，然后爸爸也掉了下去。爸爸妈妈都掉进去了，怎么办呢？还是孩子有办法，一哭他们就会出来，所以说用哭声把他们从陷阱里拽上来。

读到这里，你是不是觉得妈妈逛街用这样的表达特别有意思呢？这就是诗意的表达哦！

想想自己的妈妈吧！好像有说不完的话，是不是？妈妈说话的声音、说话的表情，妈妈的头发，或者是妈妈的鞋，最有趣的是什么？妈妈的眉毛也会说话，妈妈的眼睛是不是有着故事？

当你一放学在校门口看到妈妈时，你是什么心情？放假后，妈妈带你出去游玩，你又有怎样的想法？

把你想对妈妈说的话，把你想到的跟妈妈有关的画面，选择恰当的角度，试着用分行的文字，简洁地表达出来吧！

我的一家

——写出心中的感动

家，是一个幸福的字眼，让我们想起爸爸妈妈的关爱；家，是一个温暖的字眼，让我们想起餐桌上的美味，寒夜里的灯火；家，是一个快乐的字眼，让我们想起藏在桌角的笑声。来读一读杨唤的《家》，也许会让你的心中涌动着别样的情绪。

家

（中国台湾）杨　唤

树叶是小毛虫的摇篮，
花朵是蝴蝶的眠床，
歌唱的鸟儿谁都有一个舒适的窠，
辛勤的蚂蚁和蜜蜂都住着漂亮的大宿舍，
螃蟹和小鱼的家在蓝色的小河里，
绿色无际的原野是蚱蜢和蜻蜓的家园。

可怜的风没有家，
跑东跑西也找不到一个地方休息，
飘流的云没有家，
天一阴就急得不住地流眼泪。

小弟弟和小妹妹最幸福哇！

生下来就有爸爸妈妈给准备好了家，
在家里安安稳稳地长大。

树林里、花丛里、小河里、原野里……毛虫、蝴蝶、蚂蚁、蜜蜂、蚱蜢、蜻蜓们正自由自在地幸福地生活着，它们飞行、它们觅食、它们睡觉，再大的风也不怕，再大的雨也不怕。可是那风、那云好可怜，整天东游西荡，无家可归。而我们有爸爸妈妈无私的关爱，辛勤的照顾，享受着家的温暖、家的幸福。在诗中，诗人一一向我们展示各种各样的家，让我们感受到有家很幸福，这也是写诗的一种方法。

鞋

（中国台湾）林武宪

我回家，把鞋脱下
姐姐回家，把鞋脱下
哥哥、爸爸回家
也都把鞋脱下

大大小小的鞋
是一家人
依偎在一起
说着一天的见闻

大大小小的鞋
就像大大小小的船
回到安静的港湾
享受家的温暖

在家里，一切都充满了情意，一切都充满了情趣。你看，就连每天回家脱下的鞋子也变得快乐起来，幸福起来。你听，那些大大小小的鞋子躺在鞋架上正在说着一天的见闻，它们会说什么呢？孩子的鞋一定会说着学校里好玩的事情，爸爸妈妈的鞋一定说着工作的事情。它们就像回到港湾的船儿，安静地、温暖地靠在一起。诗人写的是鞋，其实写的是这幸福的一家人啊！忙碌了一天，回到了温暖的家里，他们一定也会围坐在一起，开开心心地吃饭、聊天。孩子们叽叽喳喳，爸爸妈妈一定会乐呵呵地瞧着自己的孩子，灯光照耀之下，一定能够看到爸爸妈妈幸福的表情和孩子们飞扬的笑脸。你会发现，诗人的表达饱含温暖，一双小小的鞋，也让我们读出别样的感动。

鸽　子

（中国台湾）林武宪

鸽子在天上绕圈子
把自己的家当圆心
绕了一圈又一圈
绕了一圈又一圈
圈圈越绕越大
不论它飞多久
不论它飞多远
家
永远是圆心

鸽子在空中一圈一圈地飞，可是不管飞多久，不管飞多远，家永远是圆心。我们也是一样，不管离家多远，不管离家多久，家永远是我们的港湾，永远是我们心灵栖息的地方。

家

郑春华

家是一盆温暖的水
让你泡进去洗澡
家是一张柔软的床
让你躺下来睡觉
家是一个热水袋
会焐热你冰凉的手脚
家是一片薄薄的口香糖
让你总是不停地嚼

家是什么？家是温暖的水，家是柔软的床，家是热水袋，家是口香糖，这样的比喻是不是一下子把家的感觉写出来了，这些原来就是家的味道呀！

家让我们感觉温暖，在家里，有爸爸妈妈，有弟弟妹妹，相亲相爱，多么温暖、多么甜蜜……

我爱我的一家

孙菁祥

我爱我的妈妈
像蜜蜂爱花一样

我爱我的爸爸
像种子爱雨一样

我爱我的姐姐
像风筝爱风一样

我爱我的一家
像他们爱我一样

像“蜜蜂爱花，种子爱雨，风筝爱风”一样，形象地说明了“我”对家人的喜爱。最妙的是“我爱我的一家/像他们爱我一样”，爱原来是相互的，一家人的相亲相爱，让这首诗显得圆满，令人感动。你看，让看不见的爱具体化，这也是写诗的一个小窍门哦！

其实，说到家，每个小朋友都有家，每个小动物也有家，每一朵花也有家，你看，文具盒也是一个家哦！

大家和小家

陈卓航

我有一个大家
里面住着爸爸、妈妈和我
每天我们开开心心地
说着话

我有一个小家
里面住着铅笔、橡皮和直尺
小伙伴们
你们是不是
也在说着悄悄话呢

读了这首诗，我们知道了铅笔、橡皮和直尺住在一个小小的家里，那就是——文具盒。它们在家里干什么呢？读一读，是不是很有趣呢？

就让我们来写写自己的家，也可以写一写别人的家，把心中的温暖和感动写出来，就是一首好诗哦！

甜甜的礼物

——架起勾连的大桥

今天是周扬的生日，她的妈妈中午送来了一盒盒巧克力，教室里弥漫着甜甜的香味。走进教室里，一双双小眼睛亮亮地看着我，我知道，这是一种期待，也是一种欣喜。他们不知道，今天我们会有怎样诗意的碰撞，我也不知道，他们会给我带来多少欣喜。

看着堆在教室前面的巧克力，我在黑板上写下了“礼物”两个字。

孩子看着我，一双双小眼睛里藏着疑问。

于是，我请周扬站了起来。

“今天是你的生日，妈妈给你什么礼物？”

“妈妈送来了香香的巧克力。”

“你觉得怎么样？”

“我觉得很开心，很幸福……”

回转身来，我在黑板上写下了：

我过生日了

妈妈送给我

一盒巧克力
甜甜的、香香的
哦！我吃到了幸福的礼物

“那么，妈妈过生日呢？你们会送什么礼物给妈妈呢？”

“我会送给妈妈一朵花。”

“我会送给妈妈一张贺卡。”

“我会送给妈妈一张家务卡。”

……

我拿着粉笔，微笑地看着周扬：“你想送给妈妈什么？”

“我会给妈妈一个大大的拥抱。”

“那么，在诗里你该怎么写呢？”

“妈妈过生日了，我送给她一个大大的拥抱，妈妈很开心……”

转身，我在黑板上写了这几行：

妈妈过生日了
我送给她一个
大大的拥抱
妈妈说
她的心里暖暖的
哦！我也送出了幸福的礼物

于是，第一份礼物就产生了，看着周扬开心而满足地读着署着他名字的诗作，孩子们都笑了，今天是他的生日，真心地为他祝福吧！

我们过生日的时候会收到礼物，想想看，大自然中有什么是礼物呢？会是谁送给谁的呢？

一双双小眼睛灼灼地闪着神采，一个个小眉头煞有其事地紧皱着。突然，胡杨卿第一个举起了小手。

“树叶是大树送给大地的礼物。”

“为什么？”我追问道。

“秋天到来的时候，树叶就给大地盖上了一床床棉被。”

多敏锐的孩子啊！那我们怎样用最简洁的语言表达出大树对大地的关心呢？大家一起讨论起来，依照孩子们的讨论结果，第二首诗也挂在了黑板上。

树　叶

胡杨卿

树叶是大树
送给大地的礼物
天气变凉了
大树就给大地
送来一片片
小小的棉被
收到礼物的大地
心变得暖暖的

孩子们顿时活跃起来，邱智阳把小手举得高高，让我不得不请他发言。这个敏感多思的孩子，父母常年在日本打工，在前一次习作中，他至情的文字读来令我落泪。对他，我常常会多一份怜爱。课下，他总喜欢绕在我们身边，絮絮叨叨地说着一些宿舍里、班级里发生的琐事。有时候，书写不工整时，我声音严厉了些，他的眼圈就会稍稍红起来，让我不忍再责备。

一愣神，我看见他一双发亮的眼眸，这个小家伙，不知道今天会有怎样的奇思妙想。

“风车是风的礼物。”他说。

“哦！”我又追问道，“是送给谁的呢？”

“人们的！”心急的孩子们嚷了起来。

“送给什么人的呢？”

“嗯，我们小孩子。”邱智阳说。

“风车是风 / 送给小孩子的礼物”，我在黑板上写下来这两行。

“接下来，该怎么写呢？”

“风一吹，风车就呼呼地转起来。”

“风车转起来，孩子们就会怎样？”

“风车转起来，孩子就会笑起来。”

“孩子们都收到了风的礼物。”

我把他说的一句句抄到了黑板上。

我请邱智阳读了一遍他的诗，问问他是不是需要修改。

他读了一遍，说，好像前面部分和后面部分有点重复了。他考虑了一下说，把前面的两行擦掉吧！就这样，第三首诗赫然出现在黑板上：

风的礼物

邱智阳

风一吹
风车就呼呼地
转起来

风车转起来
孩子们就咯咯地
笑起来了

因为他们都收到了

风的礼物

陈信也把手举了起来：

“书是送给 / 书包的礼物”，我依言分成两行写在了黑板上。

然后呢？我指了指他手里的小尺，“小尺是送给文具盒的礼物。”

还有呢？我指了指书包，要他好好看看。

他想了想，说：“水彩笔是送给图画本的礼物。”

“最后该怎么结尾呢？这个结尾一定要很别致，很独特，才能成为诗歌的诗眼。”

孩子们纷纷出主意。有说铅笔的，有说桌子的……

我说：“书包里的文具都是谁送给我们的礼物？”“妈妈！”“那你该把什么送给妈妈做礼物呢？”

“表现好！”“考 100 分试卷！”“当三好学生！”……

我微笑着转身来，在黑板上写上两行。

于是又一首诗出来了：

礼　　物

陈　信

书是送给

书包的礼物

小尺是送给

文具盒的礼物

水彩笔是送给

图画本的礼物

红红的奖状是我送给
妈妈最好的礼物

看着黑板上的一行行的文字，我又引导孩子去思考，还有什么是礼物呢？为什么说它是礼物呢？孩子们纷纷举起手来，看着平时不大爱发言的周恬宇，我想听听她的礼物是什么。

“荷花是荷叶的礼物……”“送给谁呢？……”“青蛙……”“为什么要给青蛙？……”“因为、因为青蛙喜欢在荷叶上唱歌……”

在我的一串串追问中，又一首诗出来了：

荷　　花

周恬宇

夏天来了
荷叶舞台迎来了
青蛙这位歌唱家
呱呱呱
呱呱呱
他从早上一直唱到晚上
他从晚上一直唱到深夜
鱼儿们为他
献上了一朵朵荷花

时间过得真快，还有七八分钟就要下课了。孩子们的小手依然执着地举着，我说：“想一想，我们身边这个神奇的世界，美丽的花朵、闪亮的星星、晶莹的露珠……它们又是谁的礼物呢？拿起自己的笔，写下你心中的礼物吧！”

一会儿工夫，孩子的诗作一篇篇交了过来：

雨　点

郑丁豪

大地伤心了
天空送来一颗颗
晶莹的雨点
雨点跳进大地的怀里
大地的心
变得软软的

铅　笔

张琬沂

我送给
刨笔器一支铅笔
他咬了一口
甜甜的、香香的，
刨笔器的嘴巴咧得
大大的
好像是说
“真好吃
真好吃！”

开　关

郭慧宇

开关是灯的礼物

开关一打开
灯的眼睛就亮了
好像在说：
“谢谢，谢谢！
我真高兴！”

蚯　　蚓

李峻驰

泥土一生病
蚯蚓们都来了
他们这里咬咬
那里啃啃
泥土的病都治好了
盛开的花朵
是送给蚯蚓的礼物
……

阅读着，批改着，一分欣喜、一分感动，大千世界，有情天地，孩子们正在饶有兴致地观察着、欣赏着、记录着，并且架起了一座勾连的大桥，这是多么让人感动的事情！

最后，看到徐心语的诗，我心里不禁一动，我和孩子每周的诗意相遇，何尝不是一首诗，我所收获的，我所感动的，又何尝不是孩子们送给我的一份份礼物呢？

诗

徐心语

童诗课上

诗是我们送给老师的
礼物

每当我们写出一首首
小诗
老师就把一朵朵的微笑
送给我们

第三章

时间的脚步

又见苔儿如花开

——感受童诗的力量

踩着初春的阳光，告别又一个春节，当烟花散尽，红灯阑珊，新的学期又开始了。立春，雨水，惊蛰……时间总会踩着自己的节奏行走，九九消寒图上朵朵红梅盛开的时候，春天又开始了。

于我来说，又是一个季节的播种，又是一个崭新的开始。读诗，读故事，读图画书，学字学文学诗，在子规声声的啼鸣中，草绿着自己的绿，花红着自己的红，树发着自己的芽，一切都那么自然，那么充满欣喜。

早晨，我喜欢踩着晨风，踏着阳光，行走在孩子们的声声诵读里。

春节还未走远，你听，他们在读：

过年了

李少白

呼呼，呼呼，
雪花飘。
噼啪，噼啪，
放鞭炮。
咚锵，咚锵，
玩龙灯。
哈哈，哈哈，
过年了。

他们读得兴高采烈，摇头晃脑。虽然今年很多城市禁止燃放烟花爆竹，但是很多孩子回到乡下，回到父母的故乡。在那里，他们与泥土亲密接触，在院子里捂着耳朵，等待烟花的绽放。

过了年，都长大了一岁，开学初见十分兴奋，不仅课间叽叽喳喳，甚至会跑到你的面前跟你聊个没完没了，也让人心生怜爱，忍不住会摸摸他们的头，或者抱抱这些可爱的娃娃。

都大一岁了

郑春华

新年好！
新年好！
我送布娃娃
一顶小红帽。
布娃娃，眯眯笑，
伸手要我抱。
哎呀呀，
不抱！不抱！
我们都大一岁了，
你呀，知道不知道？

哎呀呀，我们都大一岁了啊！孩子们你看看我，我看看你，你想对小伙伴说什么呀！

“小马同学，大了一岁了要好好吃饭哦！”

“小星星，自己的东西要整理好哦！”

“小钰同学，大了一岁要大胆地表现自己哦！”

“小涵涵，大了一岁哦，更要管好自己哦！”

……

就这样，在整齐的节奏里，有趣的声音里，好玩的故事里，孩子们生机勃勃，兴味盎然。

打开小窗

严友梅

我不知道阳光从哪里来，
当我打开小窗，
阳光扑了个满怀

春天的早晨，空气里有青菜的味道，有树枝的味道，还有阳光的味道。孩子们一遍一遍地读，读着读着，就出了神，你看哦，一簇阳光在黑板上跳跃。

黑板是溜冰场，
阳光是个运动员。
哦！
小心点
你会摔倒的。

打开小窗，你还能感受到什么呢？这群天天读诗的孩子会说什么呢？

“还有风会跳进来，在我的头发上跳舞。”

“鸟的叫声也进来了。”

“花的香气也进来了。”……

是啊！阅读是一扇窗，诗歌是一扇门，在鲜活的文字里，孩子和春天一起醒来，一起睁着好奇的眼睛，四处张望，舒展着自己的身体和心灵，自由自在地表达，饶有兴趣地讲述。

很多时候，我很享受这样的时刻。《日有所诵》就这样一次次地带着我和孩子在诗性的文本中徜徉，在考试分数之间推开一扇窗，大家看见窗外的天空，嫩嫩的树芽；听见布谷鸟穿过树梢，留下一串歌声；听见风在耳朵旁细语，然后一扭身子消失在人群当中。

“老师，你看，这是不是苔？”小菲菲突然指着一盆盆栽问。哈！那是小朋友带来的一盆小多肉，嫩嫩的叶子舒展开来，向上向外，让人说不出地喜欢。而在小小的花盆四周，果然是小小的苔，一小撮，微弱而又执拗。

一听说是苔，孩子们纷纷围了上来。调皮的孩子开始唱了起来：

白日不到处，青春恰自来。
苔花如米小，也学牡丹开。

“我也会唱，我也会唱啊！”好嘛，成了大合唱了！

“你们打开书看看，在110页上就有这首诗。”我提醒着他们。思涵第一个翻到了《苔》，同桌有点心急：“在哪儿呢？在哪儿呢？”

“我也找到啦！”“看我的……”那是一种好友相逢的喜悦，也是一种似曾相识的欣喜，原来你一直在这里啊！

“诗是可以读，也是可以唱，可以吟诵的哦！”我点开一张《我爱吟诵》的光盘。

“春眠不觉晓，处处闻啼鸟。夜来风雨声，花落知多少。”

我一遍遍地播放着杨芬版的吟诵调，孩子们慢慢安静下来，然后轻轻地轻轻地哼唱，最后很快就随着好听的声音，唱了起来……

看着他们张张可爱的笑脸，突然有一种感动涌上心头。

有时候，我很讶异小小的孩子们惊人的发现和独特的表达。这群跟着我读了半年诗的孩子，在他们身上，我发现了悄悄的改变：变得爱观察、爱思考了，能发现生活、感受情感了，喜欢阅读，喜欢表达了……

不管是古诗，还是童诗，或是对韵，我觉得它们都是相通的，是同一棵大树上开出的色彩不一样的花朵。我喜欢跟着《日有所诵》和孩子一次又一次发现节奏，发现生活，发现诗意。我也喜欢在《我爱吟诵》里让古老的声音复活，让文字回到文字本身，回到它们来的地方，用悠长的、舒缓的、跳动的或急促的声音，为每个汉字注释它们的性格。流水的绵长，楼台的幽怨，长空的开阔，春花的烂漫，随着声音的起伏，感应天地的开阔，四季的轮回，思念的忧伤，还有生命的喜悦。

读，不同的读，不同形式的读；吟唱，低吟浅唱，独有风味。让文字在声音中苏醒，在节奏中复活，在童心里舒展，从而迸发出新的力量。

诗，是一种力量，唤起人世间的真善美；诗，是一颗种子，把希望和美好带到人间。300年前，1000年前，5000年前的文字，因为有了诗性，带着自己的记忆，穿越千年，用声音的方式和我们相遇。

月光铺满了你的窗前，也同样铺满了李白的窗前；一朵菊花，芬芳了你的秋天，也染香了陶家的东篱；一杯酒，又发酵了多少人的情感啊！

因为诗歌，因为这块土地，这个民族千百年的传承，一次次相遇，一次次感动。你听，孩子们在读，孩子们在唱古人的诗，在唱着自己的心情：

苔花如米小，也学牡丹开……

春天的飞行

——抓住瞬间的想法

三月，总是让人有意外的发现和惊喜，就像早晨，居然发现去年空空的花盆里冒出了一颗小小的嫩芽。小小的嫩芽，顶着两片小而圆润的叶片，站在初春乍暖还寒的寒风中，悄无声息却如此自在自由地生长着。

看着这小小的嫩芽，我不由得想起了一首小诗：

初　　春

殷常青

一枚嫩芽
在泥土中快活地叫着
脱去冬天的衣衫

一枚嫩芽
带动成群的嫩芽
快活地摇晃着脑袋

风，在一片摇晃中
在一片叫喊声中
把春天扶出了地面

这首诗充满了画面感，又饱含着冬去春来，绿意萌动的喜悦，洋溢着对春的赞美。于是，一片叶子和这一首诗走进了我们的课堂。

小小的嫩芽引发了孩子阵阵的惊叹。是啊！春天总是给我们带来别样的感受和小小的喜悦，哪怕是一片嫩芽，也会让孩子感受到小小的温暖。

“老师，你看，这片嫩芽，就像刚刚睡醒的小宝宝，睡了整整一个冬天，伸了个懒腰，起床了！”丁睿康笑眯眯地看着这片嫩芽说。是啊，小小的嫩芽，真像一个宝宝，可爱又纯洁。

“他们在做操呢！”孟佳艾站了起来说。所有艺术想象都来源生活，每天的做操游戏已经成为他们学习生活的一部分，会触发他们的情感和思绪，因此他们会用自己的生活去感受自然的生长。

“既然是做操，那么谁是体育老师，他们又是怎么做的呢？”我追问到。孩子的思维和想象有时需要我们去引领，不能满足于浮光掠影的一点点感受，还需要深入思考和细致打磨。

“风！”她脱口而出。

“好！风是体育老师，小嫩芽们会怎样做操呢？”

“他们举手，然后放下……”“想想你们做操时候的动作吧，除了举手、放下，还有什么呢？”

“弯腰，踢腿，转身……”她顿了顿，“我想到一首诗了！”

做　操

孟佳艾

一大早
风老师吹口哨
小嫩芽们来做操
举举手
弯弯腰
踢踢腿
向上跳
哎呀呀，哎呀呀
这操做得真是太不整齐了

耿悦清站起来说：“我觉得是种子听到风吹的声音，就把头探出来，左看看，右看看，到底谁在捣乱，不让我睡懒觉。”哈哈！这个小家伙最爱睡懒觉，在她的眼中，嫩芽也是揉着眼睛，不肯起床呢！

“我觉得嫩芽蛮像望远镜的。”陈灏宇站起来说。

“那是谁的望远镜呢？”我问。

“小蚂蚁的，小蚂蚁用它来看看远处的风景，看看春天有没有到来。”

多么可爱的回答啊！我似乎可以看到小蚂蚁坐在嫩芽上面看着远方的风景，计划着一次出行。我喜欢这样和孩子交流，美好而又纯净。

“我觉得那两片嫩芽就像大大的耳朵，在听春天的声音呢！”周贝熙说。聆听春天的声音，那是多么的美妙和快乐啊！

接下来我跟小朋友一起阅读了《初春》，让孩子感受诗人思维的宽度，还有诗人快乐的情绪。

“我觉得小嫩芽是泥土弟弟的小雨伞呢！”陶鑫源说，“泥土弟弟好奇怪，下雨不打伞，雨后，却撑起了一把把小绿伞……”换一种角度来观察来思考，也会有不一样的想法哦！

“我觉得这是一架直升机，准备飞行呢！”葛轩承站了起来。那是一次怎样的飞行啊！那些跃跃欲试的嫩芽们啊！一首诗也抄在了黑板上：

春天的飞行

葛轩承

嫩芽是一架架
直升机
它们站在春天的跑道上
准备第一次飞行

春天的嫩芽，春天的孩子，在阳光下，在春风里，一点点长大，一点点长高，永远有多远，未来有多高，他们不知道。但是他们喜欢眺望远方，他们喜欢生长，他们爱做梦，爱思考。久久的冬天是沉淀，也是等待。

春风拂动，冰雪消融，绿意蔓延，一种新鲜，一种活力，一种美好开始在春天里行走，这就是春天的意义。而我所做的，就是带着他们接受大自然的馈赠，带着美好，带着诗意，抓住瞬间的想法，准备春天的第一次飞行。

坐在柳枝上的春天

——花草也有情

不知不觉，已经是阳春三月了。一早，就在鸟儿们叽叽喳喳的叫声里醒来。看看小区里，花儿们还在沉睡，只有池塘边的垂柳已经有了春天的消息。

拍了几张图片，和孩子一起来聊一聊春天的消息。

“现在已经是三月了，你找到春天了吗？”

孩子们的答案五花八门，最后我把柳树的图片放在孩子们的面前。画面上是一根柳枝，几片嫩芽……在扬州，这样的风景随处可见，面对熟悉的风景，不知道孩子们会有怎样的表达和反应。

张诗语举起了手：“我觉得柳叶在玩滑滑梯，可是他们不敢滑，抱着柳枝一动也不动。”这就是孩子的发现，充满了想象，也充满了灵气。

我把她说的话分了行，写在了黑板上。

滑滑梯

柳叶们坐在

柳枝上玩滑滑梯

可是风太大了

他们一动也不动

紧紧抱着柳树妈妈

几片柳叶，再配上这样的诗。读读看看，于我，真是一个美好的享受。

再来看看这几片柳叶，你会想到什么呢？

周栾妍说：“柳叶娃娃刚刚被春风叫醒，你看他睁着朦胧的眼睛，正东看看西看看呢！”

是啊，美好的事情总会激发孩子美的享受。你看，孩子们的发现可多了！

有的说：“他们是几只绿蚱蜢，一动也不动地趴在那里，似乎在准备春天的跳跃呢！”

有的说：“柳叶们正在练习排队，可是他们排得不好，你看，高的高，矮的矮，怎么也排不好。”

更妙的是谭语晗，她认为树干是音乐师，树叶是小音符，风一吹，就奏响春天的乐章……几片柳叶就这样拨动孩子们的心弦，那一瞬间，他们的脸上有着最热切的笑容，他们的眼睛里有着最明亮的色泽，因为他们在说着自己的发现，自己的感受。

柳树可不是独有一根枝条的，当我把岸边垂柳的画面呈现在孩子面前的时候，孩子的思维又被激活了。

王腾说：“柳树妈妈对着水面在梳着自己的头发呢！可是头发太长了，怎么梳都梳不整齐。”

陈可欣说：“我觉得风在玩跳格子的游戏，柳枝画了一个个的格子让风来跳。”

马雨轩说：“我觉得柳叶在钓鱼，可是怎么钓也钓不着。”

多好玩啊，其实柳叶不仅仅是在钓鱼，还可能在钓什么？我把问题抛给了马雨轩，希望能够有新鲜的想法。

“我觉得柳叶就是一个绿发卡！”韩昊说。

绿发卡，多好的想象啊！我把“绿发卡”三个字写在了黑板上，问孩子们，从这三个字里你能想到什么呢？

一个好的意象可以激发孩子的思维，我不知道在几十个孩子的脑中出现的绿发卡是什么样子的，但是可以知道的是，那是一件非常美好的事情。

在孩子们的讨论中，一首《绿发卡》出现在黑板上：

绿发卡

头发太长了
头发太乱了
柳树妹妹对着水镜子发愁了

春风姐姐看见了
给她别上一枚枚
绿发卡

“我觉得柳叶在挠湖水的痒痒。”周栾妍站起来，歪着脑袋，忽闪忽闪着大眼睛，顿了顿，说，“湖水就笑了，我看到一个一个的小酒窝。”过了一会儿，我收到了这样的小诗：

挠痒痒

周栾妍

柳树这个
淘气包
伸出绿手指

挠湖水的痒痒
一下，两下……
湖水笑出一个个
酒窝

孩子们的想象还在延续，柳枝、柳叶、春风、春雨，一起写着美丽的诗行，一起写着美丽的童话。窗外春意正浓，阳光轻轻弹着玻璃窗，教室里满是金色的阳光，窗台上几盆瓜叶菊正绽放着笑脸。大自然是最好的老师，教会了孩子想象、比例和节奏。作为一个老师，我所做的就是把带着最美好的想象的孩子领到大自然这个老师面前，还原万物的灵性，还原世界最初的美好和意趣。让童年和童诗相遇，让想象和童心飞扬，让孩子与自然合拍，感受草木之情，山水之意，这样的春天会更加美好！

春天的钥匙

——寻觅大自然中的诗情

吃过午饭，带着一群孩子到操场上去散步。阳光正好，风正温柔，天空是难得水灵灵的碧蓝。孩子们也很享受这段闲适的时光，或奔跑，或跳跃，秋千上，跷跷板上，高低杠上，他们正快乐地嬉闹着。欢快的笑声一阵一阵传来，徜徉在阳光中，触摸到的是孩子们的轻松愉悦，为人师者，这样的满足和喜悦也是独特而又别致的。

不远处，几个孩子围在一起，不知道在说什么。我走了过去，啊！原来孩子正在欣赏迎春花啊！阳光下，一朵朵金色的小花开在墨色的枝条上，小小的嫩芽藏在枝干间，还没有出来，惹眼的就是那些灿烂的小花。

小小的迎春花，就这样落在孩子们的眼睛里了。

“迎春花开了啊！春天真的来了。”我转过头去，问这几个孩子，“你们来看看，这迎春花像什么？”

“像金子！”张诗语说。“小财迷。”旁边的孩子一起笑了起来。

“迎春花是小眼睛，”韦一说，他顿了顿，接着说，“春天在哪呢？迎春花瞪着小小的眼睛，正左看看右看看呢！”

朱烁澄挤了过来，说：“我觉得是一个小小的窗户。”他接着说：“三月，春姑娘打开了迎春花的窗户，向人们报告春天来了，春天来了！”

说得真不错，旁边的孩子都点点头，这时张涵笑眯眯地指着一朵小花，说：“风这个淘气包，把春姐姐的黄气球炸开了！啪啪啪！”说完还淘气地吐吐舌头。

这时旁边的孩子也一起挤了过来，把这丛迎春花看得都有点不好意思了。

“一起来看看迎春花，看看这些花朵在做什么？”

王腾侧着身子说：“我看到他们正在迎接春天呢！你看他们正站在枝头唱歌，迎接春天的到来，你听，他们的歌声还有香气呢！”阳光下，他脸上的几个小雀斑闪闪发亮。

一阵风吹过，吹过孩子张张快乐的小脸。虽说是初春，但是在阳光下，还是有点热，孩子们的脸都被太阳晒得红红的，几个小胖子都微微出汗了。

文静的陈可欣笑眯眯地对我说：“我也想到了一首诗，迎春花是一台电风扇，太阳太大了，小草嘟哝着小嘴嚷，太热了，春姐姐就打开了迎春花清香型的电风扇。”

看来，是刚刚经过的一阵风给孩子带来的灵感。

风还在吹，把花吹得摇摇晃晃。周贝熙说："我觉得迎春花是个游乐场，春姑娘来游玩，风孩子来捣乱，他们在游乐场，发出了欢快的笑声。"

"天冷了，春天就睡在迎春花小床里，等天气暖和了，春天就被风吹醒了！"潘宥杰说。

郑理元抬起头来，说："我觉得迎春花的花苞是一辆又一辆的缆车，每一辆缆车里都坐着春天娃娃，你看，他们正在到处玩呢！"

每一辆缆车里都坐着一个春天娃娃，多么美好的感觉。

马雨轩歪着头，说："我觉得迎春花是春天的钥匙。"

春天的钥匙，多形象！孩子一起问："为什么？"

小丫头忽闪着眼睛，说："迎春花是春天的钥匙，春阿姨睡醒了，拿起一把把金钥匙，打开小花的门，打开小草的门，把春天打开了。"

阳光下，一朵朵盛开的小花，一张张明媚的笑脸，在路边，在眼前，悄然绽放……好喜欢这样的日子，春意萌动，春花初发，最初的美好和明艳，孩子们对美的体验，从想象出发，感受自然的神奇，感受自然的美妙，就像一缕阳光，把春天一点点点亮。这一朵花就是一把钥匙，这一朵花就是一辆缆车，这一朵花就是一张小床，这一朵花就是小小的眼睛，这一朵花就是一扇窗户，就这样，他们发现了奇妙的自然之美，也开启他们的天赋之门，而我，只愿陪伴他们一点点长大，在大自然中发现美丽，感受诗情。

花开的声音

——感受身边的美好

学校院子里有几棵垂丝海棠，去年冬天，天气暖和的时候，居然冒了小花朵，一看就知道这些花是小迷糊，看错了日历。今年一开春，我经常绕过去，看看它们有什么变化。没有，一直都没有。直到上周，发现许多粉色的花苞冒出来，心中阵阵欣喜，中午趁着暖暖的阳光，把孩子带到院子里，让他们去发现，去感受。

小小的花苞，那么那么多，密密匝匝的，细细的嫩芽中间，就这样一簇一簇地挤在一起，靠在一起，让人心生欢喜。

大自然真是最好的老师，此时，春风正暖，那些美好，那些愉悦，无须说什么，一切都在不言中了。

孩子们扬起小脸，看着小小的花苞，有些兴奋，有些热切。调皮的孩子还用手去拨弄这些可爱的小小的花苞。

看够了风景，我们来聊聊吧！

“花苞像一群娃娃，正在看着春天的风景。”徐晶菲笑着说。

“这些孩子眼睛还没有睁开呢，就被叫起来了。”周贝熙淘气地揉揉眼睛说，“他们四处看看，春天来了吗？春天来了吗？”

看着他憨憨的样子，孩子都笑了起来。

“花苞是害羞的娃娃，”马雨轩说，“你看，我们在夸他们好看，他们的脸都羞红了。”

好嘛！都把花苞比作娃娃，看来孩子们的思维都挤在一条窄窄的通道上了，这时候需要老师的引导，让孩子的思维行走在更开阔的道路上。

“你们都把花苞比作了娃娃。再看看，除了娃娃还能想到什么？”

“奶茶店，”耿悦清兴奋地说，看来孩子对自己的答案非常满意。

“奶茶店，你为什么觉得是奶茶店呢？”我追问道。

“花苞是一个奶茶店，蜜蜂和蝴蝶们都在挑选着自己喜欢的奶茶。”

多有意思啊！孩子们的思维终于从娃娃那里转了一个弯，到更广阔的地方去了。

想的真好！好好想想就是一首诗了。

“春天在晒衣服。”周栾妍站了起来，笑眯眯地说。

晒衣服，一个好有趣的想法。那谁来晒呢？

这个小丫头忽闪着一双明澈的眼睛，慢慢地说出了一首诗：

晒衣服

周栾妍

春姐姐来晒衣服了
红红的粉粉的
一件一件晒在了花枝上
太阳暖暖地照着
衣服都开花了

衣服都开花了，多好玩啊！多么美好啊！面对这如花般美丽的回答，我和孩子们不由得给她以掌声。

“花苞是一个吹不响的小号。”韩昊最近迷上了吹小号，和我聊天时说的都是跟学小号有关的事情。

“吹不响的小号？谁来吹？”我看着他，等着他的回答。

“花苞是吹不响的小号，风一吹，咦，奇怪，这个小号怎么没有声音，却有淡淡的香味？”韩昊慢慢地说出这些诗句。

吹不响的小号？我默默地思考着。花朵开放的声音真的是悄无声息吗？

“这个小号能不能吹响？”我把问题抛给了所有的孩子。

“能吹响！”“不能吹响！”班上出现了两种声音。

“到底能不能吹响？”我再次追问，“为什么？”我又问韩昊，“你觉得呢？”

“我觉得能吹响。”韩昊肯定地回答。

“花苞是一个小号，风一吹，小鸟听见了，飞回来了，蜜蜂听见了，也出来了。小号一吹，春天就回来了。”

听到韩昊说出来的诗句，我心里一动。小号吹出来的不就是起床号吗？如果再改一改，是不是更好？

于是，在我的引导下，这首《花苞小号》变成了这样：

花苞小号

韩　昊

花苞是一个小号
春天一来
风就急急地
吹响了起床号
你看
小花小草
正忙着起床呢

孩子的想象还在继续，美好还在蔓延。三月，阳光正好，扑面而来的春意一点点温暖这个季节。我突然想起孩子们正在读的《窗边的小豆豆》里小林宗作先生的一句话，也是我非常认可的一句话：“世界上最可怕的事情，莫过于有眼睛却发现不了美，有耳朵却不会欣赏音乐，有心灵却无法理解什么是真。不会感动，也不会充满激情……”是啊！现代人行色匆匆，忙忙碌碌，有多少人会停下脚步去倾听一朵花开的声音，又有多少人会抬起头看看落日的颜色……所以，我领着孩子学诗，并不是要培养他们成为诗人，而是希望他们能够多一点感动，多一点发现，在他们成长的路上多一点点诗意和浪漫。

亲爱的朋友，你家门外的春天来了吗？楼下的树绿了吧，河边的花开了吧，在春风中，在阳光下，带着孩子出发吧，去走近自然，去找一找美好和诗意吧！

春天的摇椅

——多角度的想象

春天是一个温暖的季节，学校的院子里，天天都有新的变化。每次带着孩子们去玩，总有很多收获，草地上开了一排的蒲公英，白了头的荠菜花，小小的野豌豆花，碎米荠，车前子……以前孩子们问我，这是什么花，那是什么花？我总会一本正经地胡说八道，所有的花，叫作小花，所有的草，叫作小草。自从手机里装了一个识花软件，我就俨然成了专家了。

早上，一下课，郑理元就兴致勃勃地拉着我，来到教室门前的阳台上："丁老师快来看，阳台上开花了。"是的，小小的黄花铺在绿叶之上，在风里摇摇晃晃，又摇曳生姿。

今天我们就来聊聊小花吧！

孟佳艾站起来就说："我觉得花朵是一把把摇椅，摆放在大地上，给春姐姐坐下。"好喜欢这样的开场，如此美妙。是呀！大地上安放下那么多的摇椅，是为了给春姐姐随时休息，美好而有趣。

有一个有趣的开头，孩子们美好的想象便纷至沓来。

马文宇说："那么多花朵，好像是天上掉下来的雪花。"

冬天的雪花和梅花，都是花，为什么不一样呢？冬天里孩子们看到梅花，发出了天真的询问。而今天变成了肯定的回答——地上的花朵都是雪花变的。

周贝熙站起来说："我来给马文宇补充。"接着，他就把想好的一首诗说了出来：

雪花和小花

你们肯定
猜不到
冬天里
洁白的雪花
落到了地上
到了春天
变成一朵朵小花

小花原来是雪花变的呀！这样的想法激起了孩子们的共鸣。周佳男把手高高举着："我觉得花朵是地上的星星。"花朵和星星，好有趣的话题。王梓涵说："我看到夜里有流星落下来，它们一定会在泥土里生根长叶开花……"好有趣！

流星花

夜晚
一颗闪亮的流星
落到了我家的后院里
第二天
就开出了白色的小花
我知道
那一定是流星花

周佳男说：“那是花的杯子，春风姐姐开茶话会，邀请小蝴蝶们来喝茶，春姐姐拿出了花朵杯子，啊！好好看的杯子啊，蝴蝶们都舍不得喝，围着杯子跳舞呢！”

周栾妍说：“花朵是春天的蹦床。”好可爱的想法。刚刚是春姐姐的花杯子，一眨眼就成了春娃娃的蹦床了。

每个孩子都有一个有趣的想法，陶鑫源说：“花朵是照相机，春天时打开了彩色的镜头。”钟思杰认为，花朵们排着歪歪斜斜的队来春游；李安旻说，路边的蒲公英是一个个小太阳，把春天的色彩照亮……

韩昊说：“花朵是吹泡泡，不知道是谁把泡泡吹到了地上，还是实心的泡泡，落在地上，怎么也不会破，好神奇啊！”

孩子的想象都来自他们的生活。一定是因为小朋友自己吹过泡泡，才会有花朵是泡泡这样的想法。

我问孩子：“你吹过泡泡吗？你吹的泡泡和花朵泡泡有什么不一样呢？”

“我吹的泡泡会破，花朵泡泡不会破……”孩子顿了顿，说，“我们吹的泡泡都是五彩的。”我微笑着看着他，看他怎么把那么有趣的想法变成一首诗：

花朵泡泡

韩　昊

我喜欢吹泡泡
吹出了绿色
红色　黄色
五彩的泡泡

可是一会儿就破了
只剩下了泡泡水了

春姑娘也喜欢吹泡泡
吹出了黄色
紫色　红色
一朵朵
不会破的
花泡泡

窗外的梧桐树上嫩芽正在生长，梧桐子纷纷落下。窗内，孩子们还沉浸在花朵的世界里。最是一年春好处。我喜欢春天，我喜欢和孩子们一起感受春天，我喜欢和他们一起数着春天的脚步，看春天一点点踏入我们的生活。看小草的萌芽，微风的拂动，细雨的飘洒，或者什么也不做，在阳光下静静地站着，把自己站成一棵草、一棵树，想象着有鸟在啄弄着，有阳光对我说悄悄话。此刻，已经是五月了，大地上开满了各式各样的花儿。让我们带着孩子走到一朵花面前，静静地，静静地看着，站着。我相信，孩子一定会听得见花朵的语言，看得见花朵的游戏，一定会被深深感动。最好玩的是，孩子们在一起，你一言，我一语，相互启发，他们的思维会变得开阔舒展。而我们有的时候什么都不用做，大自然就是最好的老师。

春天的滋味

——有趣的联想

伴着柔柔的风，沿着细细的雨，春天不知不觉已经来到了我们身边，你看见春天了吗？

春　　天

（中国台湾）谢武彰

风跑得直喘气
向大家报告好消息
春天来了，春天来了

花朵站在枝头上
看不见春天

就踮起脚尖，急着找
春天，在哪里
春天在哪里

花，不知道自己就是
春天

你看见了吗？春天来了，春天住在枝头盛开的小花上。你听见了吗？热情的风告诉大家春天已经到来的好消息。可爱的花朵不知道自己就是春天，还踮着脚尖到处寻找，多么美好的画面啊！

让我们睁大眼睛去寻找，春天在哪里？是在嫩嫩的草尖上，是在风中开放的第一朵小花上，还是在树上一只小鸟的美妙歌唱里？只要我们用心去观察，一定能够找到属于你的春天。

春天的门缝里

袁秀兰

春天的门缝里，

藏着鹅黄的小草芽儿，
藏着嫩绿的小树芽儿，
藏着粉红的花苞苞。
小鸟飞来了，
唱着快乐的歌儿。
小草芽儿听见了，
从门缝里探出了头；
小树芽儿听见了，
从门缝里伸出了手；
花苞苞听见了，
露出红扑扑的脸颊。
他们一起推开了
春天的门。

轻轻推开春天这扇门，你会发现一个美妙的世界，小草、小鸟、小芽、花朵……诗人把春天比作一扇门，有了门这个意象，春天的那些花儿草儿就有了生命，有了情趣，它们会跑会笑，它们会笑会闹，瞧，是它们把春天的门推开了，是它们把春天带到我们的面前。

春天是一扇门，还是一扇窗？是一本书，还是一幅画？用你的眼睛看一看，你有了什么样的发现？

春天的滋味

雪　野

让自己变得小些
小些
再小些

小小的鼻子
凑近花朵
小小的眼睛
凑近花朵
小小的手脚
凑近花朵

哦，我就是
那一只蜜蜂
尝到了春天的滋味

看到蜜蜂在花朵上采蜜，诗人突发奇想，自己要变得小小的，小小的鼻子、小小的眼睛、小小的手脚，就是要变成蜜蜂，去尝一尝春天的滋味。你看，有了这样一个奇妙的想法，再通过整齐的句式表达出来，就是一首很棒的诗了。试试看，你也可以的哦！

春天被卖光了

（中国台湾）杜荣琛

春天是一匹
世界上最美丽的彩布，
燕子是个卖布郎。
他随身带着一把剪刀，
每天忙碌地东飞飞，
西剪剪，
把春天一寸寸卖光了。

说起春天，我们一定会想到柳树、燕子、桃花……而在台湾诗人杜荣琛的诗歌里，我们却看到了一个绝妙的想象。春天是最美丽的彩布，燕子是卖布郎，把春天卖光了。再读读这首诗，在诗人独特的发现中，你能体会到独特的美感。

在你眼里，春天是什么？是一只小鸟，还是一个小小的孩子？是一本书，还是一首歌……闭上眼睛，感受一下你心中的春天，找出最让你心动的画面，然后再用分行的文字来写一写。

夏天在哪里

——写出心中的画面

不知不觉，夏天来了。夏天像一个小姑娘，穿着花裙子，还吃着冰凉的雪糕；夏天像一个小小子，穿着短裤，一个猛子扎在水底，一下子从湖那边探出头来，抹一把脸上的水花，冲你灿然地一笑。在你眼里，夏天是什么呢？

夏　天

圣　野

悄悄地，悄悄地
我像一个活泼泼的
爱爬竿子的绿孩子
伸着小腿儿到处爬

爬呵，爬呵
给树
添上绿叶

爬呵，爬呵

给葡萄架
披上绿纱

爬呵，爬呵
给墙
绕上绿藤

爬呵，爬呵
给小山坡
穿上绿衣

人们都爱
这么夸奖我：
这一个绿孩子
真勤劳
我们看她不见
摸她不着
可是我们确实知道
她来了
——她给我们带来了
多么凉爽的绿颜色

那个常常
在洒满绿荫的窗口
看书的学生
给我取个名
说我的名字

就叫“夏天”

在圣野爷爷眼里，夏天就是一个淘气的绿孩子，他在忙什么呢？让我们跟着这个绿孩子一起爬呀爬……在诗句中，我们看到了绿绿的大树，绿绿的葡萄架，绿绿的山坡，绿绿的墙，一个绿绿的世界。多么美好的季节啊！让我们再读诗句，在字里行间中感受作者对夏日的喜爱。读了这首诗，默默想一想，自己眼里的夏天是什么样子呢？

夏天好热，夏天的太阳就像发了烧，把大地烤得热乎乎的，你观察过夏天的太阳吗？

夏天的太阳

［英］斯蒂文森

伟大的太阳，大踏步走过
广阔的天空，从不休息；
在蓝色的光辉的白天，
他洒下的光束比雨丝还密。

我们放下了百叶窗，
使客厅保持放阴凉舒适，
他还是找到一两个裂缝，
伸进他金光闪闪的手指。

他穿过锁眼钻到里面去，
教结满蜘蛛网的阁楼欢乐；
他通过瓦片的裂口，
向架着梯子的干草垛笑着。

同时他露出金色的脸庞，
面向花园的一切领域，
他那热烈而闪亮的目光，
直扑向常青藤枝的深处。

沿着海洋，循着山岭，
绕着辉煌的蓝天运行，
给玫瑰着色，教儿童高兴，
他——伟大宇宙的园丁！

（屠岸　方谷绣　译）

阅读英国著名诗人斯蒂文森的《夏天的太阳》，你看到一个怎样的太阳呢？它是一个淘气的孩童，从钥匙孔钻进屋子里，教阁楼快乐；它是热情的少年，扑向常青藤的深处；它是一个执着的行者，沿着海洋，循着山岭不停地行走；它就像一个伟大园丁，忙碌着，工作着。在诗行里，你能读出诗人怎样的情感呢？是啊！诗人喜欢夏天的太阳，才能把夏天的太阳写得生动活泼，充满情趣。夏天，最美的就数荷塘了，大大的荷叶，粉红的荷花，还有蹦跳的青蛙，清清的池水。诗人眼中的荷塘又是怎样的美景呢？

像影剧院的荷塘

雪　野

夏日的荷塘
一座影剧院
宽宽的荷叶
蜻蜓的旋转舞台
高高的莲蓬
青蛙的摇摆话筒

长长夏天
长长的歌舞会
秋天，歌舞会散场啦

没搬走的话筒
一支支竖着
成了鱼儿们
探望星空的
望远镜

在诗人眼里，荷塘就是一个大大的影剧院，荷叶是舞台，莲蓬是话筒，多有趣啊！特别是夏天过后，几杆莲蓬成了鱼儿的望远镜，多生动啊！这样的影剧院，长长的歌舞会，会有怎样的表演，会有怎样的精彩呢？会有蜻蜓的舞蹈，或者是青蛙的演唱会吗？还是有蛐蛐的独奏呢？在你眼里，夏日的荷塘又会是什么呢？

蝉是夏天的一道风景，每天都听见它在不停地叫，听着它的叫声，你会想到什么呢？

蝉

（中国台湾）林焕彰

蝉的歌儿很好听，
可是要到夏天才唱；
它们喜欢赞美，
金色的阳光。

蝉的歌儿很好听，

可是它们只爱在树上唱；
所以，一到了夏天，
树都变成了会唱歌的伞。

夏天的蝉鸣，在诗人听来充满了欣喜。蝉喜欢赞美阳光，蝉的歌声是好听的，蝉和树的关系是多么和谐！有了蝉鸣的大树变成了会唱歌的伞，多么形象生动啊！仔细阅读这首诗，你会发现这首诗两小节的结构基本一样，读起来有一种回旋的节奏美。美好的情感加上奇妙的想象为诗歌增添了情趣。

夏　天

王开妍

夏天支起热热的火炉，
太阳点亮红红的火苗，
我们是一只只
烤面包
你看！
“油”从面包里
流出来啦！

读了王开妍小朋友的诗，你有什么样的感觉？是不是很形象，很有趣？她用了一组形象的比喻写出了夏天的热和自己汗流浃背的狼狈，读起来又活泼又生动。

夏天是个美好的季节，青蛙在荷叶上热热闹闹地叫着，蝉在树上开开心心地唱着，蝴蝶在花间来来回回地舞着。夏天是美丽的季节，萤火虫和星星闪闪烁烁，说着我们听不懂的话；大雨过后一道彩色的桥挂在空中；盛开的花朵就像一首首美丽的歌谣在晚风中回旋。夏天也是一个烦恼的季节，太阳太大了，天气太热了，蚊子太多了。

亲爱的同学，你喜欢夏天吗？在你的眼里，夏天又是什么样子呢？请选择你最喜欢的一个画面、一个场景，或者是你的一种情绪、一种感觉，用分行的文字写出来，相信你一定会有新的发现，新的创意。

夏日的莲蓬头

——建立自然和生活的联系

终于放暑假了，七月又逢雨季，闷热而潮湿，真是让人感觉很不舒服。若不是不远处的荷塘荷叶田田，荷花婷婷，那整个夏天只能靠空调和西瓜。夏日里，我无数次想到我们的童年，那时候没有空调，只有池塘、蝉鸣、青蛙、星空，还有夏夜里一闪一闪的萤火虫。

荷月里，怎能不赏荷花，就这样，我带着小朋友们走进了夏日的荷塘，走近一朵花。

瞧，这一朵小花苞，会给孩子带来怎样的想象呢？

一个小姑娘站了起来说："这是一个麦克风。"

好一个麦克风，让我们耳目一新。可是，是谁的麦克风呢？荷塘里又有着怎样的节目呢？听听孩子的发现吧！

花苞是一个麦克风
等着小动物们来演唱
蜻蜓来了
东看看
西看看

不好了

麦克风爆炸了！

有趣的麦克风，会爆炸的麦克风，这样的荷塘该有多少有趣的事情啊！

一个男孩子说："花苞蛮像一支倒过来的毛笔。"

是啊！像一支大大的斗笔，不过蘸上的是粉色颜料。这支画笔在画什么呢？听听孩子的答案吧！

花苞是一支彩色画笔
画出了飞翔的蜻蜓
蹦蹦跳跳的青蛙
画出了碧绿的荷叶
粉红的荷花
哇！
整个荷塘都是
花苞笔画出来的呀！

好漂亮的荷塘，好厉害的花苞笔啊！一点一滴，画出了荷塘的美丽。

待放有待放的美，盛开有盛开的美。一朵盛开的荷花，露出嫩黄色的小莲蓬，也同样让人心醉。

"荷花里有一个莲蓬头。"一个善于发现的小姑娘说。

是啊！人们发明莲蓬头不就是受了莲蓬的启发吗？

莲蓬头让我们想到的是沐浴，那么谁会来沐浴呢？荷塘？荷花？孩子立刻想到的是蜻蜓。

太热了

太热了

蜻蜓想来冲个凉

可是

拧了半天

荷花莲蓬头没有一滴水

唉！又停水了

一句又停水了，让孩子们都笑了起来。是啊！拧了半天都没有水，一定是停水了啊！真是好尴尬啊！旁边的小朋友连忙补充："我觉得，这个莲蓬头供水时间有安排，只有下过雨之后才能使用！"是啊，孩子们说得不错！可是，莲蓬头真的没有用吗？难道只能用水洗澡吗？

我看着孩子们，抛了一个问题："你们觉得小蜻蜓真的没有洗上澡吗？"

孩子们一下子愣住了，又陷入了沉思。这时一个孩子告诉大家，蜻蜓洗上澡了，那是香香的花粉浴！是啊，此时的红蜻蜓该会多么舒服啊！

你看

那边飞来一只红蜻蜓

粉粉的

嫩嫩的

香香的

一定刚洗过花粉浴啊！

旁边一个淘气包说："要是花粉过敏怎么办？"哈！是啊，每到春天，很多孩子都会花粉过敏，所以孩子们很容易想到这个问题。

小鱼小虾看见了
非常羡慕
可是
他们花粉过敏
只能沉在水底
羡慕地看着远处的蜻蜓

就这样，一个莲蓬头让孩子们有了多重的思考。打破习惯性思维，也是一种创新，也是一个新的起点。“小荷才露尖尖角，早有蜻蜓立上头”，美丽的画面，是不是可以引发孩子们思考的好玩的话题呢！

“荷花是蜻蜓的补给站。”男孩子总是有着不一样的想法。想来也是这样吧，你看，蜻蜓飞累了，吃点花粉，然后继续前行，这架小飞机也需要能量哦！

“蜻蜓在和蚂蚁捉迷藏呢！”女孩子就喜欢这样小小的游戏，蚂蚁躲在了花苞里，蜻蜓怎么找也找不到他了。夏日的荷叶也别有一番风情，高高低低的，如舞女的裙——这是朱自清笔下的。真不知道孩子们能有怎样的发现。

“这是一个巨型蹦蹦床，也是一个迷你蹦蹦床。”“怎么说？”

蚂蚁在荷叶上跳跃
荷叶是他的蹦蹦床

青蛙在荷叶上跳跃
荷叶是他的蹦蹦床

我也想在荷叶上玩
可是，荷叶太小
我玩不起来

荷叶是一把遮阳伞，小鱼、小虾、小螃蟹都到伞下来遮阳呢！

荷叶是饺子皮，荷花是饺子馅，真不知道，池塘里的荷花饺子味道怎么样？

夏天是一个舞者吧，看啊，跳得太快了，只看到她漂亮的荷叶边舞裙。

荷叶是一个大舞台，每天晚上，青蛙都会举行音乐会，呱呱，呱呱呱……

我时常会想起那个下午，和三十几个孩子一起聊诗的两节课，彼此陌生，却又是久别重逢，因为大自然，因为童诗。是啊，孩子是生命的奇迹，也是大自然的孩子，童诗为他们建立起人与自然的联系，从而走向美好，走向纯真。好希望孩子们把所有路过的美好化为他成长的补给，化为力量，化为动力，使他心灵丰盈，性格开朗，带着微笑和诗意，走在远方的路上。

夏夜里，那一盏一盏的灯

——寻找独特的情感体验

不知不觉，暑假已经过半了，回望刚刚过去的七月，怎一个“热”字了得。太阳就像发烧了，没日没夜地炙烤着大地。空调，风扇，整天轰轰作响，一刻都离不了。

想起我们小时候，那时天气好像没有这么热，夏天的傍晚，一盆井水就让院子的地面清凉下来，吃完晚饭，坐在竹床上纳凉，看天边的流星，听牛郎织女的故事，不远处有葡萄架，闻着角落里晚饭花的清香，听稻田里青蛙们呱呱呱地叫个不停……最有趣的事情就是捉萤火虫了，在池塘边，菜地里，捉来几只放在透明的瓶子里，夜里醒来，就会发现一点一点光，充满了好奇和欣喜。这样的喜悦和体验，现在的孩子似乎越来越少能感受到了。

幸好有文学、有诗歌，可以带着孩子们走向远方，走向诗意。

于是，我带着图片，带着诗歌，走向孩子。

看着萤火虫，你会想到什么呢？

“一盏灯！”当葛轩承说出了自己的想法之后，许多孩子都把手臂放了下去。

是啊！天黑黑的，只有萤火虫点点闪亮，不就是一盏灯吗？

我出示了这样的诗句：

草堆中
点一点灯

稻田里
点一点灯

夜空上
点一点灯

让孩子再来想一想，还可以在哪里点灯。

孩子们给了很多答案：池塘边，点一点灯 / 森林里，点一点灯 / 马路上，点一点灯 / 花园里，点一点灯 / 教室里，点一点灯……

接着，我完整地出示了这首诗：

点　　灯

（中国台湾）杜荣琛

草堆中
点一点灯

稻田里
点一点灯

夜空上
点一点灯

萤火虫神气地说
每一颗亮晶晶的星星
都是我的祖先点亮的

孩子们自由阅读之后要体会一下，诗人的表达和我们的表达有什么不一样呢？

孩子们发现，小朋友的想象是在地上，诗人都想到天上去了！韩昊同学还发现，最后一节是一个转折点，是诗的诗眼……

接下来，我请孩子们再去读诗，看看每个孩子都能读出一只什么样的萤火虫。

"神气的！"

"骄傲的！"

"可爱的！"

"自豪的！"

……

我让每个孩子读出自己的感受、自己的发现，读出自己“看到”的那只萤火虫。

读完诗人的诗，我跟孩子们来交流各自眼中的萤火虫。

韩昊说：“萤火虫就是一盏灯，晚上，到处都是黑黑的，它带着一盏灯，把大地都照亮了！”

我把孩子的话稍稍整理，口述了一首诗：

天黑了
妈妈为我点盏灯
让我写作业

天黑了
萤火虫也为田野点盏灯
难道
田里的青蛙们也有作业

曾裕琪站了起来说：“萤火虫让怕黑的叶子不害怕。”多么善良的发现啊！

天黑了
叶子好害怕
萤火虫飞过来
提着一盏灯
叶子就安心睡觉了

郑理元说：“看着萤火虫们提着灯，我在想，它们是不是也在玩花灯呢？”

夏天的夜晚
萤火虫来玩花灯咯
在树林里玩
在田野里玩
在池塘边玩
哎呀呀
你看，还有的都飞到天上去玩了

吕仪宁说：“萤火虫是小书虫……”爱看书的孩子看到了爱读书的萤火虫：

天黑了
池塘这本童话书还没有读完
怎么办呢
不急，不急
萤火虫点起一盏台灯
继续读书……

一盏灯，一只萤火虫，就引发了孩子们缤纷的想象。除了灯，孩子们还有更多有趣的发现呢！

“萤火虫是黑暗中的希望”“是导游”“是地上的星星”“是小小的太阳”“小小的眼睛”……

孩子们的表达更有趣：

移动的灯

谭语晗

夜晚
静悄悄的
“咦，那是什么?”
“是一盏会移动的灯吗?”
“不对，不对，
那是一只萤火虫。”

小灯笼

周贝熙

白天的太阳
不能值夜班
他就委托
萤火虫来照看这个世界
一到晚上
萤火虫就举着小灯笼
四处巡逻

果　子

陶鑫源

树上的果子
一个个
很无聊

一到晚上

有些果子
就跳了下来
打着灯笼
变成萤火虫

一只只萤火虫在孩子心中飞舞起来，那些美好的画面，黑暗中的微光，好奇的眼睛，让我们感受到童年的美好，想象的美妙。我常常这样想：童诗的阅读和创作都应该是个性化的行为，所以我希望孩子们能够在阅读诗歌时读出自己的感受，能够直接和诗人对话，能够触摸到诗人的情感，和文字碰面，通过想象来完成诗歌的赏析。而在指导孩子诗歌创作时，我力求让孩子寻找自己的独特体验，去感受自己的感受，去发现自己的发现，去创作自己的诗歌。我希望每个孩子都能找到属于他的表达方式，就像在黑暗中找到属于自己的那只萤火虫，那一盏小小的灯。

一片叶子落下来

——成为自然的一部分

不知不觉，时间的脚步已经跨进了秋天，秋分已过，黑夜慢慢拉长，秋天的味道就越来越醇厚了。夏日里曾经热热闹闹的夹竹桃、木槿、紫薇渐渐远去，街道旁栾树的树梢开始慢慢变红，而银杏树的叶子边缘也渐渐有点泛黄了。

于我而言，这群一年级的萌娃，从陌生到熟悉，也按着我的节奏，一天天诵读，一天天阅读，一天天看着他们的变化，是这个秋天最重要的事情。

教室的窗外，是一排梧桐树，秋风过处，树叶飘落。看着这样的落叶，想起前几日读过和叶子有关的儿歌，就这样，开启了和一年级娃娃的第一次童诗聊天课。

落　叶

常　瑞

秋风秋风吹吹，
树叶树叶飞飞，
就像一群蝴蝶，
张开翅膀追追。

孩子们快乐诵读之后，我问孩子们：在儿歌中，诗人把落叶比作了什么？孩子很快找到了答案，是蝴蝶。接着让孩子们思考：为什么把落叶比作蝴蝶？它俩有什么相同之处？

孩子们给出了非常可爱的回答：

“它们都会飞。”

“它们的翅膀很漂亮。”

“蝴蝶会跳舞，树叶也会跳舞。”……

看着风中飞舞的落叶，你们想到了什么呢？我把问题抛给了孩子们。

第一次这样提问，孩子们还不太能明白，有的说是蜻蜓，有的说是乌龟，我一直在鼓励、激发，希望出现不一样的答案。

小淘气包袁乔博站了起来说：“我看到树上的叶子，觉得是一条条热带鱼。”挂在树枝，彩色的树叶的确蛮像的。我觉得用这样一个比较有趣的想法，可以让孩子感受想象的奇妙，更可以慢慢学会有趣地表达。

我让孩子们安静下来，沿着袁同学的思路一起想下去。

“如果树叶是鱼，那么大树是什么呢？”

“大鱼缸。”孩子们这样说。

风吹过树叶，树叶就落了，风是什么呢？

“是水”“波浪”……孩子们七嘴八舌地回答着。鱼在水里、河里游，还是有一些道理的。可是风一吹，叶子就会落啊！

我问孩子们：“谁最爱吃鱼？”

“猫！”是啊！

“我觉得风就是爱吃鱼的猫，把树叶鱼一条一条叼走了！”

鱼？孩子们都笑了。

树叶是热带鱼，大树是鱼缸，风是猫。这一连串的想象该如何放置在诗歌里呢？

在和孩子的问答中，我在黑板上板书出这样的小诗：

树叶鱼

袁乔博

秋天到了
大树鱼缸里
游满了彩色的热带鱼
哎哟哟
风这个馋猫来了
把鱼儿一条条叼走了

有了这样的想象，再读着这样的诗歌，我希望给他们留下这样的印象：诗要分行，还要很有趣味。

看着小伙伴说出来好玩的想法，孩子们的积极性高涨起来。

“树上的叶子像扇子。”是啊！特别是银杏叶，就像一把把折扇。我送出了这样的诗：

太热了，太热了
我赶紧跑回家
打开电风扇

太阳底下的
大树怎么不热
哦
原来它有好多好多小扇子
把自己一点一点扇凉了

听了我送出的诗，孩子们的表达也变得完整起来。

吕冬晟说："秋风吹了，树叶落了，蚂蚁爬上去，开心地说，这是我的新家啊！"

王禹潼说："每一片树叶都是一颗星星，大树就是神奇的天空。"

有的孩子说："秋天到了，每片叶子都穿上了太阳送来的五彩外衣。"

包翊力说："叶子就像一只鸟，大树就是一个鸟窝。"多好玩啊！我把他的想法也写在了黑板上：

树叶小鸟

包翊力

一片树叶
一只小鸟
一棵大树
一个鸟窝
春天
小鸟飞来

秋天

小鸟飞走

它们会在哪儿过冬呢

这样的句式，让孩子学会用短短的句子来表达，学会语言简约，并不需要把所有的意思都表达出来，从而慢慢学会用诗的语言来规整自己，要求自己。

秋叶在风中飘着，慢慢落下来……

孩子们在说：“树叶在跟风老师跳舞。”

焦坤琦说：“树叶落下来，跟大树妈妈说再见。”

马业丰说：“树叶跟妈妈告别，说，我们长大了，要独立了，要离开家远行了，妈妈再见！”

还有小朋友说，树叶是一枚漂亮的书签，是一张纸，是一幅画……

孩子们的想象还在继续。即使下课铃响了，他们还围着我说着他们的发现。人们常说，孩子天生就是诗人。是啊！孩子越小，越有灵性，和大自然有着天然的亲近，他们的世界是通过自己的想象构建出来的。对于一年级的孩子而言，他们的世界就是这样充满想象和梦幻，我希望通过我的努力，让他们保持着这份纯真和浪漫，感受世界的美好，养育善良的情感，让他们成为大自然的一部分，快乐地行走在大地之上。

水果对对碰

——吃出来的诗

渐渐的，渐渐的，树上的叶子变了颜色；渐渐的，渐渐的，小朋友身上的衣服厚了起来；渐渐的，渐渐的，我们走进了这个美丽季节的深处。是啊！一年四季独爱秋，春花的烂漫，夏天的成长，秋天的收获，装点了世界的色彩，也灿烂了人们的笑脸。最让人欣喜的除了金黄的庄稼地就是丰收的果园了。你瞧，那些可爱的水果吃饱了阳光，红着脸腆着肚子，正在秋天里微笑呢！

葡　萄

（中国台湾）林　良

孩子静静地
看着葡萄：
要是我有
这么一大堆的弹珠，
该有多好！

提起葡萄，我们会想起它酸酸甜甜的味道，会想起它鼓鼓胖胖的样子。读了林良爷爷的这首诗，我们还会看到一个可爱的男孩子，看着葡萄，想到的却是他最喜欢的弹珠。好可爱好有趣的想法哦！一个有趣的画面，一个好玩的想法，有时候也可以成为一首诗啊！

看着紫莹莹、水汪汪的葡萄，你还会想到什么？是一颗颗甜蜜的炸弹，是风的乐器，还是夏天的秘密呢？一粒粒葡萄挤在一起，它们是怕冷，还是在玩什么游戏？让我们再来尝尝它的味道，你又会想到什么呢？

苹　果

吴　导

苹果是太阳的孩子
它是一个爱脸红的小胖子
苹果是一个小火炉
把美好燃烧
苹果在树枝上是一只鸟
它把一句话藏在肚子里
那就是甜蜜

圆圆的苹果，红红的苹果，高高挂在树上，让你想到什么？读读这首诗，你会发现诗人有很多稀奇古怪的想法。苹果是太阳的孩子，是一个小火炉，是一只鸟……多有趣的想法！特别是最后一句话，“它把一句话藏在肚子里/那就是甜蜜”，把苹果的味道都写出来了。真是又形象又贴切。

秋天的苹果，让你想起什么？是一盏盏小灯笼，挂在枝头，还是秋天里一个个圆满的句号，或者是一个个可爱的小皮球？试着用“苹果是＿＿＿＿＿＿”，说说你的想法吧。

我是草莓

［美］库斯金

我喜欢生长，
生长真叫人喜欢。
叶子软软的，
太阳暖暖的。

我熟了红了圆了，
就有人把我扔到篓子里边。
做草莓不是总那么好玩。
今天早晨　他们
把我放进冰淇淋，
我冷得直打战战。

（王世跃　译）

说起草莓，我们会闻到香香的味道，会想起它可爱的小模样。读读这首诗，你是不是觉得草莓的想法多么奇妙。生长的过程是多么美好：软软的叶子，暖暖的太阳，一天天长大，一天天变化，多么美妙的感觉啊！可是被放进冰淇淋里，却冻得直打战战。多么真切的感受啊！成长多么美妙，可生活又有很多的无奈。你瞧，诗人用草莓的口吻来感受、来表达，就有了好玩的诗，对不对？

草莓真是一种很可爱的水果，看着它的样子，会激起我们很多美好的想象，草莓的样子好像一颗爱心，难道是草莓想对我们说："我爱你们"？最好玩的是草莓身上还有很多的小点点，是把芝麻丢了自己一身，还是长满了青春痘？看着草莓，是不是也可以像诗人那样，把自己想象成一颗草莓，在阳光下慢慢成熟，有时候还会跑进牛奶里，蹦进饼干里，跳进果冻里，此时你又会有什么美好的想法呢？

柠　檬

［日］烟地良子

柠檬，
一定是想到远方去。

薄薄地切一切，
就会明白柠檬的心。

薄薄地切一切，
滚出来好多个车轮。

散发着好闻的香味儿，
车轮，车轮，车轮。

柠檬，
你一定是想到远方去。

（朱自强　译）

读着这样的诗，会引发我们很多的思考。当我们品尝着美味水果的时候，我们可曾想过它们的想法，它们的愿望？读着这首《柠檬》，我们一下子读懂了柠檬的心思：它想要到远方。可是这个愿望一直被深深地包裹着，藏在了心灵的深处，可能一辈子都不能实现。但是不管怎样，都留存着自己的愿望。读着这样的心愿，是不是也读出一点点苦涩，一点点无奈？

苹果和橘子

［日］赤岗江里子

从爸爸的故乡，
寄来了苹果。
拨开箱子里的稻壳，
红红的苹果滚了出来，
这些曾在岩木山麓
燃烧的一团团火。

从妈妈的故乡，
寄来了橘子。
箱子里挤满了
金黄色的小太阳，
还飘出樱岛小村里的风

浓浓的，沾染了橘香。

高高地堆在桌子上，
闪耀着光芒的
爸爸的故乡，
　　妈妈的故乡。

（朱自强　译）

苹果，来自爸爸的故乡；橘子，来自妈妈的故乡。于是这红红艳艳的水果就寄托了我们的一份牵挂，一份情感。所以，苹果就成了爸爸的故乡岩木山麓燃烧的一团团的火，橘子就成了樱岛小村一颗颗金黄色的小太阳。读着这样的诗，我们一定能感受到诗人浓烈的情感。

我们都喜欢水果，喜欢它们可爱的样子：弯弯的香蕉，让我们想起弯弯的月牙、弯弯的拱桥；芒果让我们想起橄榄球；樱桃让我们想起一颗颗小爱心；苹果让我们想起带着酒窝的笑脸；掰开一个橘子，我们又会看见一个睡袋，里面躺着一个个月亮宝宝……

仔细地想一想，每一种水果都有自己的心情，咧开嘴巴的石榴是不是听了太多的笑话，嘴巴都合不拢了？红红的草莓是不是看见绿草莓盯着她瞧，有点害羞了？柚子小姐是不是很怕冷就把自己裹在厚厚的被子里？

选择一种你喜欢的水果，观察它的样子，你想起了什么？闻一闻尝一尝，你感受到了什么？仔细想一想，它会有着怎样的心情……带着我们的情感，带着我们的想象，来写一写可爱的水果吧！

我被冬天抓住了

——寻找生活的乐趣

早上，一进教室，就发现座位上有几个“窟窿”，唉，又有几个小朋友迟到了。天气冷了，迟到的孩子也多了起来，想想自己每天“拔萝卜”的艰难，也把对他们的责怪放下了很多，一个小小的想法也冒了出来。

下午的童诗课上，我故意问问今天迟到的孩子迟到的原因。他们有点儿紧张，纷纷解释，有的说，是因为路上堵车；有的说，是闹钟没有响；有的说，是因为妈妈没有叫她……我笑眯眯地说：“你们这些理由好像没有打动我哦。”说着，我出示了我写的一首诗：

迟　　到

丁　云

我没有偷懒，
我没有赖床！

暖暖的被窝，
伸出暖暖的手，
把我紧紧抱住。
我才迟到的。

这首诗一出来，孩子们可开心了，刚刚有点紧张的气氛一下子就变得轻松愉悦起来。

孩子们读完之后，我再问，你迟到的原因是什么呢？

这下，孩子的答案可就轻松有趣得多了，有的说，是外面太冷了，冷风把他逼回去；有的说，本来是可以和闹钟一起醒来的，可是，因为妈妈给他换上了电热毯，就和被子粘在一起了；还有的说，闹钟冬眠了，都听不见……

此刻，孩子们的眼睛是明亮的，清澈的，小小的脸儿轻松又愉悦。我想这就是课堂上最好的学习状态、最佳的交流方式吧！

很多时候，智慧的话语，创意的想法就是在这样的环境中生成的。

冬天虽然没有春天的明艳，没有夏天的热闹，没有秋天的绚丽，可是却有独特的美和安静啊！

一起来看看冬天冰封的小河吧！它会让你想到什么呢？

面对着静静的湖面，我让孩子们思考一分钟，从刚才被被子抓住的兴奋中慢慢沉静下来：

周贝熙说："冰块是一个镜子，让我们看得清水里的小鱼、小虾和水草。"

"冰块是小鱼的窗户，有了冰块，小河就不冷了。"多么温暖的想法啊！有了冰块，就像有了窗户，整个冬天都是暖暖的，多舒服啊！

"水底下有一个城市，"陶鑫源说，"冰块就是它的城堡。"孩子的想象是天成的，大人有时会望尘莫及。

"冬爷爷来抓小鱼，小河就把冰块大门安上了，一条小鱼都抓不住了！"丁睿康说。

孩子们就这样你一言我一语地讨论着，交流着。

当我们有了一个想法之后，一定要再去想想看，为什么是这样呢？孩子们会想象是创作的第一步，一定要注意让孩子深入思考，那才会真正有所得。

孩子们静静地思考着。

"我觉得冰块是小河的眼镜。"陶鑫源站了起来。

“为什么？”我说，“别急，慢慢说。”

“池塘是大地的眼睛，冰是池塘的眼镜片。”

“那为什么会戴上眼镜呢？”

“冬天里会下雪，就会看不清，所以要戴上眼镜啊！”

哈哈，雪花模糊了双眼，才戴上眼镜。多么好玩、有趣又生动的想法。

从冰块是一副眼镜这个想法出发，想想为什么戴眼镜，最后有什么结果。孩子慢慢理清思路，写出了这样的一首诗：

眼镜片儿

陶鑫源

冬天到了，
雪花飘了，
大地妈妈的池塘眼睛
也模糊了。

冬爷爷看到了，
给大地妈妈
配了一副
“冰眼镜”！
让她又看清
冬天的风景。

朱烁澄也把小手举得高高：“我觉得冰面是溜冰场，大家都来滑冰。”

冰面是天然的溜冰场，好形象。很多时候孩子喜欢用“大家、人们”这样笼统的词语来描述一个场面，其实写诗和写作一样，需要注重细节的描绘。

“哪些人来溜冰呢？”我追问到。

“有雪花，有风，还有……”“还有阳光！”我提醒他，“阳光来溜，会怎么样呢？”

小朋友若有所思，一会儿工夫，就把一首诗完整地讲述出来了。

溜冰场

朱烁澄

冰是一个溜冰场。
小水珠来滑一滑，
小雪花来滑一滑，
大大的太阳也来滑滑，
哎呀呀！
太阳一不小心把溜冰场
滑破了。

看着黑板上的两首诗，孩子的思考还在继续。最后，我让他们用笔记录下自己的想法。

你听，张子洁是这样说的：

电视机

张子洁

小河是一个电视机，
春天，秋天，夏天
都在播放着
不同的节目。
冬天可是怪了，
一动也不动，
原来是卡机了。

电视机卡壳了，多有趣的发现啊！

拉　　链

谭语晗

小河是件衣服

冰是拉链

风是主人

冬天来了

风主人一拉拉链

哎呀

卡住啦

拉链卡着了，多么好玩的衣服啊！

在和孩子们相处的过程中，我发现，有的孩子喜欢表达出自己的观点，而有些孩子喜欢用笔来讲述自己的发现。

冬天里，似乎一切都在沉默，可是在这样沉静的背后，却有着不一样的深意。围上围巾，戴上手套，来到冬天里，看看冬天的风，看看冬天的河，看看冬天的树，让孩子去触摸，去想象，一定要找到属于冬天的乐趣。

下雪了，下雪了！

——在活动中寻找灵感

早晨醒来，往窗外一看，呀！下雪了，下雪了！远远的房子，街道，树木，还有路灯，熟悉的风景变成了另外的模样。

走在上班的路上，看到沿途的孩子们走着踢着玩着雪，心里惦记着，也不知道那帮孩子兴奋成啥样了。

还没有到班上，我就看见一个小雪球扔了出来。看来，孩子们真是太兴奋了。不知道是哪个淘气包瞄见我来了，大喊一声：“老师来了！”等我走到门口的时候，他们装模作样地在读书。看着孩子们不走心读书的样子，再看看窗外纷纷扬扬的大雪，玻璃窗上孩子的涂鸦，我对孩子们说："外面下雪了，不如我们——去玩雪吧！"

在欢呼声中，我们一起来到了操场上。男孩子们在追逐，在打雪仗；女孩子们簇拥在一起，在收集操场黄芽叶片上的雪花；还有的在静静地欣赏着雪花；还有几个孩子居然滚了一个大雪球。操场上到处是孩子们的笑声，还有雪花飘落的声响……

回到班上以后，孩子们的脸上一个个红扑扑的，甚至还有几个小胖墩都把外套给脱掉了。

玩够了，那我们就一起聊聊雪吧！

雪，让你想到了什么？

"雪像蝴蝶，雪又像小鸟……"孙旭同学说，"我看见雪就想到了蝴蝶和小鸟。"

一个美好的想法是可以变成一首诗的，可是怎么变成诗呢？就需要我们老师帮他们组织好语言。怎么组织语言呢？

"你看见雪飘来，想到了……""它是一只只小鸟从天上飞下来……"

好！我在黑板上写下：

一只只小鸟
从天上飞下来

"还想到……"

"一只只蝴蝶。"

一只只蝴蝶
从天上飘下来

"结果呢？"

“当它们落到我手上时，我发现那是雪花啊！”

就这样，一句句的交流，一句句的板书，成了这样的诗。

小雪花

孙　旭

今天
一只只小鸟从空中
飞下来
一群群蝴蝶从天上
飘下来
当它们落到我手上时
我吓了一跳
原来
是一朵朵小雪花啊！

“我想抓住雪，可是，根本抓不住。”邹雨轩站起来说。

“哦！抓雪，你是怎么抓的呢？”

我静静地等了一下，等来这样的诗：

捉迷藏的雪

邹雨轩

下雪了，
下雪了，
我跑出了屋子
抓住雪
转眼间
呀，雪消失了！

抓雪恐怕是每个孩子都会做的事情吧！可又是谁把雪留住了呢？抓住了雪，转眼就又消失了呀！

“我觉得雪是一个粉刷匠。”刘玥昕站起来说。她是一个喜欢用色彩来涂抹想法的人，不知道这满天的雪花给她怎样的启发。

雪是个粉刷匠，那这个粉刷匠怎么粉刷呢？

“它把整个世界都涂成了白色的了！”

“白颜料是什么？”“雪。”

“那粉刷匠是雪？”“冬娃娃是个粉刷匠。”

“冬娃娃是怎样涂的呢？”

“只剩下白色颜料了，它就只好涂白色了。”孩子停了下来，顿了顿，“它给屋顶涂上白色，把小河变成了镜子……”

孩子们静静地听，他们知道，就这样聊呀聊呀，就会聊出一首诗。

在我的引导下，刘玥昕的粉刷匠也出来了！

粉刷匠

刘玥昕

冬孩子觉得冬天太单调
想给它换换颜色
可是
只剩白色颜料了
红红的屋顶变成白色了
清澈的小河变成镜子了
把我们小朋友变成了
快乐的小天使
真是一个淘气的孩子

下雪了，小朋友想到这是给大地刷上了颜料，那谁是粉刷匠，谁又是颜料呢？怎么刷呢？当孩子有了一个想象的时候，我们应该指导孩子沿着这个想象走下去，要想得合理，还要想得有趣。

这时，钟思杰站了起来，说："听了刘玥昕的诗，我也写了一首诗。"说着，递给我一张小纸条：

下雪天

钟思杰

下雪天到了
小朋友们从家里跑了出来
每个小朋友都玩雪
没有一个人玩别的

可是
一回家
满头满脸都是冷冰冰的雪
妈妈说
你都要变成雪人了

我用投影把这首诗打在了大屏幕上，让大家来评析、修改。

我问钟思杰，你是怎么想到这首诗的？他说是从刘玥昕的那句就连小朋友也被刷上了颜料想到的，小朋友都变成雪人了，联想到妈妈说自己变成雪人了，所以才写了这首诗。

看来，读别人的诗，是可以对自己有启发的。

诗的语言要简洁，小朋友们你一言，我一语，最后把这首诗改成了这样：

雪　人

下雪了
下雪了
我们从家里跑出来
打雪仗
堆雪人
一起来玩雪

可是
一回家
满头满脸都是冷冰冰的雪
妈妈说
你都要变成雪人了

这样一改，题目更有针对性，切口更小，也更契合最后一句。第一节把我加进去，是为了和第二节的气息相投。

“钟思杰的这首《雪人》，让我想到了我刚刚堆的雪人。”机灵鬼孟佳艾也递给我一张纸：

雪　人

孟佳艾

那红红的鼻子是怎么了？
是风太冷的缘故吗？
那僵硬的手是怎么了，
是雪落你手上，
把手冻住了？
雪人啊，

你为何不到处走一走，

看一看美丽的雪景？

好有趣的发现，一下子就把我们打动了。是的，写诗是需要想象的，可是仅有想象是不够的，我们必须让孩子学会用心体会，加进自己的体验，加进自己的想法，加进自己的情感，诗自然会增添神采。

雪慢慢地停了，窗外安静而美丽。教室里的雪却依然还在下……

从看雪到玩雪，最后写雪。有自己的想法，有别人的启发，还有一个场景的触动，于是，孩子们的诗就跟着雪花一起飘飘洒洒。有的时候，文学活动的开启也需要活动的引领，在雪地上行走、奔跑、跳跃，小小的雪花沿着脖子去挠小朋友的痒痒，那些美好的感受，奇妙的经历也会成为生活的一部分吧！就让那些歪歪斜斜的脚印、傻乎乎的雪人、快乐的笑声留在孩子的记忆深处，成为他们永远美好的回忆吧！

第一朵梅花开了

——学会用对比来表达

每天中午，孩子们最喜欢的事情就是走进校园里的小花圃，四处奔跑，去寻找，去发现。

那天一场小雪过后，阳光灿烂，孩子们又和往常一样去玩耍。突然，韦一小朋友一脸兴奋地跑过来，说：“老师，老师，梅花开了！”旁边的孩子一听一起围了过来，说：“哪呢？开了吗？什么样？”于是，我们一起去花圃的角落去拜访梅花。梅花真的开了。看不见叶子，只见许多小小的花苞怯生生地挤在枝头上，只有一朵，只有一朵梅花绽开了笑脸，对着我们，对着太阳微笑。不知是在谁的带领下，大家一起背起了王安石的《梅》：“墙角数枝梅，凌寒独自开。遥知不是雪，为有暗香来。”

我问孩子们：“你们知道什么叫暗香吗？来，一起闭上眼睛，深深吸口气，用鼻子来欣赏梅花。”阳光下，梅花的香气阵阵飘向孩子们那一张张稚气而又幸福的小脸。“是啊！我们闻到了！”旁边的淘气包李星宇凑了过来：“我还会背一首诗：梅须逊雪三分白，雪却输梅一段香。”雪后的梅花，这首诗还真是应景。看着周围树木凋零，草地枯黄，再看看这梅花。我给孩子念了一首《捉迷藏》。

捉迷藏

丁　云

冬娃娃最爱捉迷藏，
只要他一露面，
西北风就到处宣告：
快藏好，快藏好，
千万别被他找到。

青蛙、蚂蚁藏好了，
小草、树叶藏好了。
只有蜡梅忍不住，
一下子从枝头冒了出来，
对着冬娃娃哈哈笑。

听了我的朗读，孩子都笑了起来。“你们看，冬天来了，小花、小草不见了，蚂蚁、青蛙不见，我想到的是大家在和冬娃娃捉迷藏。只有蜡梅最可爱，忍不住了，就冒了出来，对着冬娃娃哈哈笑。对比梅花和其他的动植物，你们会有不一样的感觉和发现的。”

“我们再来看看这梅花，你发现了什么呢？”孩子们都停下脚步，若有所思……

“雪花、梅花，她们都是花啊！”“雪花是给梅花取暖的吧？”“梅花不怕冷吗？”……就这样，孩子们你一言，我一语，互相谈论着。

雪未消融，还在不远处。

“回班吧！”我一声招呼，孩子们纷纷聚拢过来，可是目光依旧在那一朵梅花上停留。

“老师，我可以写诗吗？”阅读课上，孩子们凑了上来。

我笑着点点头。下课时，讲台上就多了一首首小诗：

梅　　花

胡译文

天啊，实在太冷了！
梅花抱怨道。
冬爷爷看见了，
连忙拿出保暖外套，
可是——
冬爷爷记性不好
结果拿出降温衣
让梅花更冷了
阿嚏！阿嚏！

冬天给孩子的第一个感觉就是冷，雪花究竟是保暖衣还是降温衣，读来让人感叹孩子的发现真是奇妙。

樱桃冰淇淋

周贝熙

冬天真贪吃
它把梅花
当成了樱桃
加一点雪花
一个冰淇淋
就这样
完成了
“啊呜！”
一大口
咦
这个樱桃冰淇淋怎么
这么难吃呢

一读这首诗，我们就知道，小周同学特别爱吃冰淇淋！难怪一看到雪地里的梅花，就想到了是樱桃冰淇淋，可惜，这个樱桃冰淇淋好看是好看，味道却不怎么样呢！

两种花

丁睿康

“你就是那个
自称为花的家伙吗？
怎么和我
长得不一样呢？”
梅花对着雪花说。

都是花，可是为什么不一样呢？丁睿康同学蛮聪明的，直接用一句问话为诗，写出了梅花的好奇，也写出了自己的疑惑，读来童趣十足。

梅　　花

刘心悠

冬天到了
梅花小姐穿上了
自己的裙子
准备参加舞会
可是，顽皮的雪娃娃
把刚打扮好的梅花小姐
推了推
梅花小姐的脸都气红了

一看这首诗就是女孩子写的。雪娃娃推了推梅花小姐，梅花小姐的脸都气红了，院子里明明看到的是蜡梅，孩子们却想到了春梅，不得不惊叹孩子们飞驰的联想能力。从蜡梅到春梅、雪花，还有冰淇淋，孩子们学会了用对比的方式来表达。

每一个孩子都是一个有着独特体验的小世界，他们敏锐地接收着外部的信息，经过自己的想象和思考，通过自己的语言表达出来。学诗，让孩子学会了什么呢？我觉得就是让孩子的目光明澈，可以看得见世间的美好，感受到自然的美妙。

此时是冬天，但是我一想到阳光下，孩子们闭着眼睛，嘴角微微上扬，花香阵阵袭来，心中就会有温暖涌动。你那里，梅花开了吗？有时间带孩子去看看吧，也许，能和诗歌相遇哦！

第四章 神奇的自然

花儿朵朵开

——解读花儿的心事

不知不觉，暑假转眼就过去了。又到九月，又到开学的季节了。

每到这个时候，我就会非常矛盾，一方面，希望时间的脚步慢点，再慢点，让假期再长一些；另一方面，又期待着和孩子们在一起，诵读，阅读，学习，成长。他们的笑脸，他们的作文，他们的故事一次次温暖我，感动我。特别是他们的小小的诗，一次次给我带来惊喜。最难忘每个早晨教室里的美妙诵读，那些古老的声音、遥远的歌谣，那些生动的画面、有趣的童诗把每一个日子点亮。

最让我难忘的是，在阳光的午后，我和孩子们的第一节聊天课。

图片上，是一朵喇叭花，沿着细细的藤小心地开放着。

“花儿在想什么呢？”

孩子们的回答一开始是拘谨的、单一的，都是说长得漂亮，都说长得很好看。

我说了我的感受：第一次玩滑梯，好紧张，只敢一点一点往下滑。

孩子们都笑了。课堂气氛轻松了好多。

吕仪宁举起了手臂，说：“我觉得喇叭花在走钢丝呢！”

是啊！看起来真的像走钢丝啊！

于是，黑板上就出现了这样的文字：

走钢丝

吕仪宁

细细的藤是
长长的钢丝
一朵喇叭花
小心地走着
她又害怕
又欢喜
半天都不敢走一步

我告诉孩子们，老师把吕仪宁的话变成了一首诗。你瞧，我们班小朋友会写诗了。孩子们好激动！

丁睿康的小手举得高高：“喇叭花是会唱歌的鸟，旁边的叶子就是它的音符！”说得真好！

我也抄在了黑板上：

喇叭花鸟

丁睿康

你看
花藤上有一只小鸟
正张大嘴巴唱歌呢
一片片的绿叶
是快乐的音符
在风中舞动着

又一只小手举了起来，那是认真又好强的韩昊。他说：“喇叭花在爬山呢！”

为什么说它在爬山？

于是，黑板上又出现了一首诗：

细细的藤
是弯弯的山路
一朵小小的喇叭花
正一步一步
往上爬

黑板上的三首小诗，打开了孩子的视野，也激发了孩子的热情。孩子们的想法可有趣啦：

“喇叭花真开心，可以和白云玩，也可以和小鸟聊天。”

“喇叭花的藤是自动扶梯，喇叭花在电梯上爬上爬下呢！”

“喇叭花像一个热气球，它一定是从天上飞下来的吧！”

“喇叭花是一个小太阳，把整个树枝都照亮了。”

“太阳出来了，喇叭花摊开身子在晒太阳呢！好舒服！”

“喇叭花像一只蝴蝶，真好看！”

“喇叭花正在荡秋千呢！”

“喇叭花是一辆汽车，正在赛道上行驶着呢！”

“喇叭花是一个闹钟，告诉我们，该起床了，该上学了！”

……

就这样，一朵喇叭花打开了孩子的思路，那么多奇异的想象，沿着那细细的藤慢慢地走了进来。

第二幅图，是雨中的小花。这又会给孩子带来怎样的想法呢？

陈善扬说：“唉，没有带雨伞，被打湿了，我太粗心了！”

韦梦昕说：“好冷啊！可惜今天的衣服穿得太少了！”

……

我说如果是夏天呢！这朵花又会怎么想呢？

夏艺菲说："下雨了，下雨了！好舒服啊！"

……

在孩子们充分想象讨论的基础上，我们诵读了雪野老师的一首诗：

我错了

雪　野

我知道错了
不该淋雨

衣服湿了
头发湿了

阿嚏
阿嚏

我的鼻孔
也湿了

在快乐的阅读中，孩子能感受到诗人的意趣和情趣，体会到花儿不一样的心情。

最后一幅图是雪中的红梅。颜色俏丽，让人心生欢喜。孩子们会有怎样有趣的想法呢？

韩昊说："下雪了，真好，我们可以堆雪人了！"

周佳男说："小朋友们，快出来，快出来，外面下雪了！"

高业涵说："我太心急了，春天还没有到呢，我来得太早了！"

……

暖暖的画面，暖暖的话语，不知不觉，下课的铃声响了起来。

孩子们的小手依然高高地举着。顿时，我心头涌动着一阵阵感动。很多时候，我们常常会用苛求的目光衡量他们，会用统一的标准去要求他们。其实，孩子的世界就是那样的绚丽，孩子的想象就是这样奇妙。

那些飞花，那些落叶，那些在窗外徘徊的风，被我们大人无情地阻挡在心门之外。于我，所能做的是，用我的力量轻轻推开那扇门，让孩子感受想象的乐趣，思考的乐趣。当孩子走进小树林，走进田野的时候，能够低下头，去和小树聊天、说话，能够和蚂蚁对话。期待着他们能够解读花儿的心事、雨滴的心情，在心中开出一朵朵美丽的花朵。

草地上的舞会

——给诗安个漂亮的尾巴

几场秋雨过后，秋天的味道慢慢地浓厚起来。窗外的桂花香也隐隐约约浮动起来。这是一年中我最喜欢的时光，坐在草地上，读书，写作，或者只是发个呆。

小草，大地的头发，总是这样恣意生长着，浓浓密密，还有一些不知名的小野花。让我不由想起那次在南通海安和一帮小朋友的交流。

“中国的词语是有魔力的，你看着这个词会想到什么呢?”我指着“草地”这个词问。

孩子们给了我五彩的答案：

“绿油油的地毯”“五彩的花朵”“雪白的羊儿在奔跑”“小草沐浴着温暖的阳光”“牧童在吹笛子”“蟋蟀和蚱蜢在聊天”“花儿们在比美”……

一个词语可以变成画面，也可以变成声音，那真是一件奇妙的事情。

接着我出示了一幅小草密密匝匝生长的图片，带着孩子们玩想象的游戏。

“来看看夏天的草地，碧绿碧绿的，你会想到什么呢？当风吹过的时候，你又会有怎样的想法呢？”

“小草们在生长，在比赛。”

“风儿一吹，它们就跳起双人舞。”

“草地像一块地毯。”

“草地像一片海洋。”

“草地是一根绿色的绸带。”

“当风吹过的时候，小草们弯着腰，好像在跟大地妈妈问好呢！”

“风儿一吹，小草沙沙作响，好像是在唱歌呢！”

……

孩子的想象就是这样天马行空，把这份想象加以引导，就会成为美妙的文字。

有这么多有趣的想法，我们决定选择一个想法进行探讨。孩子们都觉得双人舞这个想法特别有趣。

我请有这个想法的孩子说一说，为什么是双人舞？

“风一吹，小草们就像在跳舞。”他站起来结结巴巴地说。

是啊！风吹过的时候，小草都在舞动。这个是稀松平常的想象。如何让孩子有独特的思考呢？

“双人舞指两个人的舞蹈，请问，是谁和谁在跳舞呢？”我把舞蹈的话题引向了双人舞，“你知道草的名字吗？”

“不知道。”

“我知道，狗尾巴草，”我笑着问，“就是那个长得高高的，有着翘翘尾巴的小草，你认识吗？”

“这个我认识。”

“那狗尾巴草会和谁跳舞呢？狗尾巴草长得高高的，你觉得和它跳舞的是高个子还是矮个子呢？哪个更有趣呢？”

“矮个子有趣，”旁边的一个小男孩说，“那就三叶草吧！”

“那我们就让狗尾巴草邀请三叶草来跳舞吧！”我说，“想一想，会发生怎样的事情呢？”

“一个高来一个矮，它们够不着。”孩子们七嘴八舌地说。

它们会说什么呢？在我和孩子们充分讨论之下，黑板上呈现了这样一首诗：

双人舞

风一吹
狗尾巴草邀请
三叶草来跳舞

三叶草说
你太高了
我够不着

狗尾巴草说
不是我高
是你太矮了！

在轻松愉悦的气氛中，让孩子朗读了自己创作的诗之后，孩子们明白了如何深入思考，从而有独特的体验和发现。

接下来，我们继续把有趣的想法变成好玩的诗。大家选取了“草地是海洋”这个想法。

“海洋里有波浪、水草、小鱼、帆船……那草地上有吗？如果有，那又是什么呢？”

“小草就是水草了。蝴蝶就成了鱼，蜜蜂也成了鱼了。”

“蚯蚓成了海蛇”……

我把孩子们的讨论分行写了下来：

接下来呢？该给这首诗什么样的结尾呢？

孩子们皱起小眉头开始思考：“甲虫鱼也在游？”“螳螂在捕鱼？”……

我问：“如果我走过去，想想看，我的大大的鞋子成了什么？”

“大船！”

这条大船来了，鱼儿们会怎样呢？

“溜了！”

就这样，又一首诗出现在黑板上：

绿色的海洋

绿色的草地
大大的海洋
蝴蝶鱼在游
蜜蜂鱼在游
蚯蚓海蛇
从这棵水草
游向那棵水草

我的鞋子帆船来了
鱼儿们都不见了

面对着黑板上两首新鲜出炉的修修改改的小诗，孩子既觉得亲切又觉得好玩，对学诗的畏惧感一扫而光。

接下来是孩子们自由创作的时间。一片茫茫的草地，满眼葱绿，风吹过的时候又会有怎样的故事？会给孩子们怎样的启迪？我不知道，我知道的是，我用这样的方式领着一群孩子感受童诗的魅力，体验童诗的创作，在轻松愉悦的氛围中似乎找到了童诗创作的一条途径：想象要奇特，语言要简洁，还要有一个漂亮的尾巴，那就是诗眼。

跟这些孩子的相遇，也许今生只有一次，所以我倍感珍惜，好希望这群孩子，下次在草地奔跑的时候，能够停下脚步，和一朵小花对话，看着一棵小草出了神，或者是被淘气的小草挠痒痒，发出会心的微笑。也许这就是我坚持诗教的目的吧！

不想起床的娃娃

——发现自然的秘密

清明节过后，下了几场雨。走在干净的路上，心中有着说不出的欣喜。经过海棠花树，花瓣落了一地，一场美丽的花事就这样慢慢地退幕了。早樱也渐渐地淡了。幸好晚樱开始打着朵儿，好期待那粉粉嫩嫩的花瓣，重重叠叠的美丽，会融化自己的目光，会柔软自己的心情。

经过一片竹林，忍不住多看两眼。哇！我等待了好久的笋儿终于冒出来了。傻里傻气地，冒冒失失地钻了出来，看着我，看着高高的竹子。真是太可爱了。

于是，小小的竹笋，也进入了孩子们的视线。一看到笋，孩子们可来了神："我们小区里有！""我到乡下挖到笋子了！""我在我们班上的包干区里看到了！"……

既然那么熟悉，就一起来聊聊吧！

葛轩承说："我觉得笋穿着厚厚的铠甲，是防止风吹雨打。"哈！说起来，还蛮流畅的。所有的想象要变成意象，必须继续深入思考，一篇好作品不仅仅是想象的瞬间流淌，还有着思维的流动和情感的浸润。

"现在是春天了呀！"葛轩承挠挠头皮说，"难道笋娃娃是从外星来的？"看着他可爱的样子，我们都笑了。

耿悦清站起来说："我觉得笋是一个不肯起床的娃娃，很不情愿地被妈妈喊起来，连衣服都不想穿，在那里发呆。"多形象啊！

我想起我写过的一首诗：

笋娃娃

丁　云

轰隆隆，轰隆隆，
响雷了！

惊醒的笋娃娃
裹着被子，
一动也不动坐在那里，

多像每天早晨
被妈妈叫醒时，
坐在床沿上发呆的我呀！

听了我的诗，孩子们都笑了起来。我问孩子们：“你们为什么会笑？”他们告诉我，是因为他们自己也是这样的，被妈妈喊起来就这样发着呆……

是啊，从笋娃娃想到我们自己，那是从笋的模样联系到我们自己。原来大自然和我们小朋友一样，生活是那样的有趣啊！那么，笋对孩子们还有什么启发呢？

陈灏宇说：“笋娃娃看着旁边的高高的竹子，说，‘什么时候，我才可以和爸爸一样高呢？’爸爸笑着说，‘别着急，你一定会和我一样高的。’”

这孩子个子不是很高，所以看着矮矮的、小小的笋娃娃，联想到了自己。我想，笋娃娃和爸爸的对话，就像小朋友和爸爸的对话一样，一定探讨过关于身高的话题。

钟思杰说：“天气这么热，我还穿着厚棉衣，我赶紧脱了。笋孩子，你穿这么多，不热吗？”

看着孩子们依旧围着笋厚厚的衣服打转转，我让孩子们再去想想，“笋让你想到了什么？”

“犀牛的角。”

“小山。”

“炸弹。”

“小刀。”

……

顺着这样的想法，你又会有怎样的发现呢？

一会儿，孩子们交来了自己的发现：

刺猬的祖先

陈可欣

春天来了

竹笋穿上了尖尖的刺衣服
刺猬看了看
奇怪地说：
“咦，这难道是我的祖先？”

刺猬和竹笋就这样联系在一起，孩子们的想法真让人惊叹。

竹笋天气塔

王　腾

这个天气太麻烦了
一会儿下雨
一会儿出太阳
蚂蚁生气了
就建了一个竹笋天气塔
一大早，他
爬了上去
东看看，西看看
下雨
不下雨

最近这天气，一会儿冷一会儿暖，一会儿有太阳，一会儿又下雨，难怪小蚂蚁要看看远方是下雨还是不下雨？

笋　山

丁睿康

蚂蚁来散步
发现了一座大大的山

“你就是愚公门前的那座山吗?
怎么会移到我家门前呢?”
蚂蚁摇了摇头
只好慢慢地爬回家了

在竹子眼中，竹笋还小着呢！可是在小蚂蚁眼中，竹笋就是一座大山。孩子的思维也可以这样的多维度。

苏霍姆林斯基曾经说过：“我认为有巨大教育意义的一点，就是使孩子能看到、理解、感受到去唤醒大自然中的生命是一个伟大的秘密。第一批春天花朵的开花，幼芽的萌发，第一批嫩草破土，第一只蝴蝶飞舞，第一声蛙叫，第一只春燕飞来，第一声春雷，麻雀第一次春浴，这一切我都当作永恒生命的美展现在孩子们面前。他们受到这种美的感染越深刻，去创造美的欲望就越强烈。”我深以为然。因此，我们的课堂一定要走向自然，走向泥土。一株小草，一棵小笋，一朵小花，会让孩子心中涌流着美感，充盈着诗意。让孩子们看到大自然的神奇，那是一件非常奇妙的事情。春正浓，花正开，带着孩子，带着会发现的眼睛和一颗快乐的心，向着春天出发。

大树的歌

——写出变化的美

树，总是静静地站着，站在烈日下，站在细雨中；树，总是默默地长着，一天天，变得又高又壮，一年年，变得蓬蓬勃勃；树，就这样在我们的生活里，在我们的视线里，成为一道风景，成为一种存在。

每年春天，大树都会经历一次重生，一次萌动，看着枝丫间嫩嫩的小芽，你想到了什么？

上　学

丁　云

一群树叶宝宝
排着队
跟着妈妈
到春天的教室
报名啦

他们刚上一年级
正好奇地
东看看
西看看呢

你观察过春天的嫩芽吗？它们像什么呢？在诗人眼里，它是一个一年级的小朋友，四处张望，又好奇又有点紧张。把叶子当成人，这样，叶子就有了自己的性格，自己的想法，自己的感情，诗就会有一种独特的味道，是不是？

小　树

[苏联] 拉·法尔哈季

“小树，
你在我们园子
都做些什么？”
“春天的早晨
我往高处长，
长得高高！”

“那么晚上
你在我们园子
都做些什么？”
“晚上，
我的叶子都成了小手，
掌心把星星高高托着！”

（韦苇　译）

在诗人拉·法尔哈季的眼里，小树会说话，听他们在说什么呢？啊！原来小树在早晨里长得高高，晚上把星星高高地托着。这是多么美妙的想象啊！通过对话，写出了诗人眼里的树，也写出了夜晚小树的美丽，不由得让我们眼前出现了这样的画面：夜晚，星光在树林间闪烁，就像落在了小树上，闪闪发亮，整个小树都变得神奇起来，生动起来，奇妙起来。原来白天和晚上是不一样的啊！

树　林

（中国台湾）谢明芳

一棵、两棵、三棵……
好多棵树，

有的在玩一二三木头人，
有的模仿电线杆，
有的被妈妈罚站，
有的摆好姿势在照相
不动，不动，
大家专心地——不动！

树林里有很多大树，大树们在玩什么呢？读了这首诗，我们不禁会心一笑，诗人的观察是多么细致啊！树，各有各的姿态：有的在玩木头人，有的被罚站，有的……多么生动形象啊！那一棵棵树就好像站在我们眼前，那一棵棵树就好像是一个个孩子。他们专心不动的样子让我们浮想联翩，不由得觉得小树好像在说话，小树在思考，小树有表情，小树有想法。于是，整个树林都好像充满了活力，充满了想象。

那在你眼里，那些小树在干什么呢？看风景，还是比赛长高，或者是做游戏？

蚂蚁探险家

雪　野

木耳，
树的耳朵。
白白黄黄的耳朵，
听微风轻轻歌唱。
来了群蚂蚁探险家，
蹑手蹑脚爬进：
“哇，好大好深的岩洞！”

嗡嗡嗡……

“耳朵里好痒，
耳朵里好痒！”
大树忍不住，
打了个哆嗦。

耳朵里的探险家，
慌了神：
“地震啦！
地震啦！
地
震
啦！！！”

大树不仅仅是树叶的家，还是小动物的乐园呢！它们每天到大树上去旅行，去登高，去游玩。这不，一群小蚂蚁来探险了。结果呢？读了这首诗，你一定会觉得这群蚂蚁很好玩，居然钻进大树的耳朵里。大树呢？打了一个哆嗦，这下可把蚂蚁们吓坏了，它们慌了神，四散奔逃。最后以“地震啦，地震啦，地震啦”来结尾，让我们看到一群惊慌失措的蚂蚁，一群惊恐害怕的蚂蚁。多么有趣的蚂蚁，多么好玩的大树啊！多么生动的一次旅行啊！

每个人心中都有一棵大树，那片片叶子，也许是一只只小耳朵，也许是风的摇篮，也许是一支小小的乐队，也许是一个个小小的密码……每个人心中都有一棵树，春天开始萌芽，夏天开始生长，秋天开始穿上五彩的衣服，在风中起舞，在阳光中欢笑。每个人心中都有一棵树，那是一个神奇的世界，蚂蚁来探险，知了开演唱会，小露珠来玩滑滑梯，风儿也会来凑热闹……

让我们拿起手中的笔，写下心中的那棵树吧！

风跟我玩

——让无形的看得见

你见过风吗？你真的见过吗？它长得什么样？大胖子还是小瘦子呢？它是高个子还是小矮人呢？

说到风，是不是有点熟悉又有点陌生呢？是啊！打开窗户就看见了它，奔跑时看见了它，一抬头也看见了它……可是，它就像穿了一件隐身衣，我们却看不见它。

说到风，是不是很神奇呢？它无处不在，在山间，在树梢，在池塘；它自由自在，在草地上打滚，在麦田里挤来挤去，在树林里四处奔跑；它又忽冷忽热，它可以给我们带来清凉，又会把我们吹得瑟瑟发抖……

哦！风，好奇妙的风！

风

丁　云

妈妈说，
你看，风儿有多好，
一有机会就打开书来读，
你要向他多学学。

我和风听了，
一起偷偷地笑。
妈妈不知道，

这是风儿和我
一起来嬉闹。

嘘，风儿，小声点！
千万别让妈妈听到，
把你关在窗外，
咱俩的游戏就要结束了。

在诗歌里，你找到风了吗？它在做什么呢？妈妈说，风爱学习，一有机会就打开书来读；诗人却知道，那是孩子和风在嬉闹。同学们想一想，风怎么读书？哦！原来是风一吹，书页就打开了。在妈妈眼里，那是风在读书；可在孩子眼里，是风和他游戏。你看，诗人的想法都是合理的。

再来读读这首诗，你觉得诗里的风像什么？对！就像一个淘气的孩子。诗人把风当成了一个人来写，这就叫拟人。用了拟人的手法，让风好像就站在你面前，有神情，有动作，多么有趣啊！

如果我们也来试一试，把风当成人来写，你觉得风会是一个什么人呢？男孩子还是女孩子？淘气包还是乖乖女？喜欢恶作剧还是做好事呢？

如果你把风想成一个人，风就好像在你眼前，把树叶当飞镖玩，把草地当成赛场，摇摇花瓣，摸摸鸟巢……

如果你把风想成一个人，他一定有着自己的职业，有着自己的烦恼，高兴的时候会笑，不高兴的时候还会恼……

风先生

史康烨

我点起蜡烛

风先生

立刻把它吹灭了

我又把蜡烛点起来

风先生

又把它吹灭了

风还在我耳边

呼呼地说

小孩子

要注意安全哦

不能玩火

读读这首诗，你是不是觉得很有趣呢？一点蜡烛，风就来捣乱。而在小作者的眼里，风是一个好心的先生，看到孩子们在点蜡烛，赶紧把蜡烛吹灭了，还跟孩子们说，不能玩火，要注意安全。这样的想象合情合理，让我们好像看见了一个安全检查员——风先生。

风是一个理发师吗？是啊，秋天的风在树林里忙着给树儿们染发呢……

风是一个飞行员吗？对啊，在高高的蓝天上，他们驾驶着风筝飞着呢……

风是一个旅行家吗？是啊，他们走遍了世界上的每一个角落……

在你眼里，风又是一个什么样的人呢？

让我们拿起笔来，写一写吧！

空空的树

——学会抒发自己的情感

学校餐厅前面有三棵银杏树，从秋天开始，它们变了颜色，有风吹过，树叶就纷纷飘落下来，看着金黄的叶子飘落在草地上，真是又绚烂又伤感。立冬那天，我给孩子们布置了一项特别的作业：每天吃完午饭，就来观察这三棵银杏树，看看它们颜色的变化，落叶的变化。于是，每天孩子们排队来到餐厅门前，总是仰头看看这三棵树，看看它们有什么变化。饭后他们三个一群，五个一堆，簇拥着来到树下，仰起头看银杏树，有时，回去的路上，手中还捏着一把金色的小“折扇”。就这样，直到小雪。一场小雪过后，三棵树上的叶子一片都没有了！

一片都没有了！孩子们有点伤感。凝视着空空的树，平时喜欢叽叽喳喳的孩子们都不说话了。

回到教室里，我把那一棵空空的树的照片放在了投影仪上，“看看这棵树，你会想到什么呢？”

“树是一个妈妈，叶子都出门了，只剩下妈妈一个人在家了。”倪启睿第一个举起了小手。

到底是女孩子，情感就是这样的细腻。细细品味她的话，里面蕴涵着丰富的情感。

“试试看，用最简洁的语言，把你对这棵树的感受说出来。”于是，第一首诗就出现在黑板上：

空空的树

倪启睿

叶子娃娃们
一个一个地
出远门了
只剩下树妈妈
守着空荡荡的家
等着孩子们
回家

这样的诗，读起来是令人动容的。在孩子们的眼中，空荡荡的树就像空荡荡的家，只有妈妈一个人在家守着等着，他们可能不太懂，可是等到他们慢慢长大，多年之后，看着冬日里空空的树，他们会有怎样的感慨呢？

冬天里的树，还让你想到了什么？

“我觉得树就像一个字，可惜我看不懂。”马文宇站了起来。

“那谁在写字呢？”

“风。”

“怎么写的呢？”

“它摘下树叶，把树干当成字。”孩子顿了顿，说，“可是我们看不懂”……

于是，第二首诗也出现了黑板上。

猜　字

马文宇

调皮的风弟弟
把大树的叶子

一片片摘下来
然后
给我们玩猜字的游戏
可惜
我一个字也看不懂

“我想到了一首诗。”韦一站了起来。空空的树，引发了女孩子心中的思绪，不知道在男孩子心中是什么样子的?

“我觉得风是理发师，把大树剃成了一个大光头。”

班上的孩子都笑了起来。

“来，咱们组织一下语言，看看能变成什么样的诗歌?”

理　　发

韦　一

树一摸头发，
呀!
好长啊!
再不剪就要变成女生了。
他赶紧请来风理发师。
风一不小心
把树剪成了一个“大光头”。

读着这样一首诗，你一定会知道这是男孩子的作品。“再不剪就要变成了女生了”，也许就是妈妈常常提醒他的话。当他坐进理发店，看着理发师的推子，看着理发师一边聊天一边干活，是不是有点紧张，有点担心，怕自己变成大光头呢?

一棵空空的树，到底给孩子们带来了怎样的触动呢?一起来读读他们的诗吧！

叶　子

郑理元

叶子们的课
很长

秋老师敲了下课铃
它们就放假了

有的去看长江
有的去看黄河

春老师敲了上课铃
它们又坐回到课堂上

长长的春夏秋，叶子们只有一节“很长”的课。秋老师的“下课铃”敲响，太神奇、美妙的想象！叶子们去干吗？看长江，看黄河！这气度啊，赞叹！结尾那两行，我感觉要轻轻地读，温暖地读。你看，课堂上的叶子，一个个多么精神！我们读完之后，充满了期待，虽然现在叶子们不见了，也许只是一次旅行哦！等到春老师敲响上课铃，它们还会回来的。

冬天的树

季婧琪

小树呀小树，
它好孤单呀！

但是，小雪花呀，

你为什么不陪它呀？

短短的几行，有担心有责怪，让我们读出了孩子浓浓的情感，她对这个世界有着怎样的一种情愫，她多希望世间能多一点温暖，多一点陪伴啊！

冬天里空空的树，常常会给我们一种寂寥而落寞的感受，在这二十几天的细细观察中，从枝头的黄黄绿绿到满目金黄，再到最后，满地黄叶堆积，大树空空如也，每一个孩子的感受都不一样，想法也不一样。但是对我来说，让孩子经历这叶子飘落的过程，必定会给他带来些什么吧！

在后来的一次习作中，孩子们在描绘小花圃的梧桐树时，就有很多我意想不到的发现：

“叶子好像舍不得离开妈妈一样，一直牢牢抓住大树妈妈的手臂，一阵风吹过，它们好像在说：大树妈妈保重！明年春天我们就回来。”

“调皮的风在呼呼地吹着，好像故意要把梧桐树的头发全吹没……那些刚被风吹起的落叶，还想回到大树妈妈的怀抱，就不停地翻跟头，可是一连翻了好多个，最后还是落在了地上。”

“小花圃的梧桐树叶变黄，就像是一架金黄色的小飞机，伴随着风姐姐的一声哨音，小飞机们纷纷飞了下去，安全地落在地上，还有一小部分留在了树枝上，也许是他们有些胆小不敢往下飞吧。”

在那一段特别的日子里，叶子一天天发生着变化，他们看到；枝头仅剩下不足二十片的叶子，他们数过；一阵风吹过，有三片叶子翩翩落地，他们的目光曾经随着叶子起起落落……

冬天的花园里，大树空空的，可是，我希望在他们的心里，有着暖暖的情感和满满的想象。

淘气的小雨点

——换个角度来思考

嘀答，嘀答……小雨点沿着墙角，顺着草叶，唱着自己的歌谣，蹦跳着来了。你看见了吗？它们在屋檐下练习跳高，它们在山顶上蹦极，你喜欢他们吗？

小雨滴

麦　穗

小雨滴从老远老远的地方跑来
跑到我家门前
有的敲敲厚厚的木瓜叶
有的去踩踩满池的睡莲
还有些在瓦片上跳舞
或躲在树林子里说悄悄话

他们像来自另一个星球
对这里的一切都感到新奇
他们那股淘气的顽皮劲
十足像一群小小的流浪儿

仔细读一读，你瞧瞧，小雨点多可爱，就像一个个淘气的娃娃，有的在敲树叶，有的在跳舞，有的去踩睡莲，有的在说悄悄话，多顽皮啊！在诗人眼里，把小雨点当成一个人来写，可以写得很有趣，对不对？

欢迎小雨点

圣　野

来一点，
不要太少。

来一点，
不要太多。

来一点，
小苗们撑着伞等。

来一点，
荷叶钻出水面来等。

小水塘笑了，
一点一个笑窝。

小野菊笑了，
一点敬一个礼。

瞧！小雨点要来了，大家多开心啊！泥土们咧开了嘴巴等，小菌们撑起了小伞等，小荷叶呢？迫不及待地钻出了水面来等。大家多喜欢小雨点啊！看啊！小雨点来了，大家好开心哦！小水塘笑了，小野菊也笑了。圣野爷爷用整齐的节奏，描述了小雨点给大自然带来的快乐和欣喜，让我们感受到雨点蹦落时的活泼和快乐。一行一行的诗句就像那叮咚叮咚的雨点，充满了喜悦和兴奋。

九　月

[苏联]伊·托克玛克娃

夏天要走了，
秋天要来了。
太阳不再那样晒人，
它藏起来了。

小雨像刚上学的小孩，
还有点害怕，
歪歪斜斜，
在窗上乱画。

（晓嘉　译）

不同的时候，不同的心境，雨也是不一样的。你看，九月的雨像什么？像一个刚上学的孩子，在窗子上乱画，多形象啊！那秋雨绵绵，不像夏日里暴雨滂沱，也不像春雨的小心翼翼，而是一个怯生生的孩子，在歪歪斜斜地画画。是啊！每个季节的雨都是不一样的，每次的雨也是不一样的，你感受到了吗？

下雨了

聂慧云

下雨了
下雨了
为什么下的
不是可乐呢？

看着雨下个不停，孩子总是有些不开心。不能出去玩了，只能闷在家里。要是下的可乐，那该多好啊！可以喝个痛快了，还可以用脸盆装着，留着喝，那可真是太可乐了！你呢，看着雨，又有什么想法呢？

雨点，喊痛了

黄松达

雨点淘气地
在云床上翻了几个跟斗，
一使劲，
掉了下来，
笑着，叫着，
落在我家的瓦片上，
“砰”！
雨点喊痛了。

小诗人用富有动感的诗句展示了活泼、可爱、淘气的雨点。它在床上翻跟头，再从天上掉下来，还一边笑一边叫。最好玩的是，雨点降落在瓦片发出“砰”的一声，小作者听出了那是小雨点在喊痛。这小雨点分明就是和小朋友一样淘气的娃娃啊！读一读，体会一下。

下雨的时候，你观察过小雨点吗？它是什么样的？它喜欢到哪去呢？你觉得它在干什么？把你的眼里的小雨点想象成一个熟悉的朋友，让它跟你一样会说话，有想法，你就可以写出有情有义的童诗啦。

我们也可以换一个角度来看看我们身边的雨，窗台上的、树叶间的、伞面上的……发挥你的想象，换一个角度来思考，用最简洁的语言诗意地表达一下你眼中那与众不同的小雨点吧！

听云说故事

——让想象具体化

抬头看天，会看见悠悠的白云，以蓝色为背景，自由自在地飘荡；或者在风的指挥下，一次又一次地变幻着自己的造型，书写着自己的故事。而在当今这个低头族盛行的年代，又有多少人能够抬头看天呢？

选一个没有雾霾的日子，带着孩子去看天，看水蓝水蓝的天空，看优哉游哉的白云。风吹过，天更蓝，云更可爱。

“我想写诗了……”一旁的扬扬说，“蓝天是一张白纸，调皮的白云，在纸上跳舞。”这个想法很有意思，不过，纸上可不太方便跳舞，倒是可以写故事，那就让我们一起来读读白云写的故事吧！

“云是个魔法师，把自己变成了小动物的形状，一会儿又把自己变成美丽的花朵。”一旁的萌萌说。

“小动物的形状，是什么样子的呢？”我问萌萌。很多时候，孩子们的表达比较笼统，不够具象，而我做的事情就是让孩子们尽量用自己的语言把脑子里的想象具体化、细节化。

萌萌想了想，送来了这样的一首诗：

魔法师

云是魔法师
一会儿变成小兔子
一会儿变成了小山羊
一会儿变成棉花糖

我想知道

你的魔法是跟谁学的？

这么一改，动物的形象具体化了，文字也变得生动了。

“我觉得蓝天是个小朋友，把云捏成了一只小兔，又把云捏成一只小山羊……”洲洲同学挤了上来。

多有趣的捏啊！“你怎么会想到捏的呢？”

“我喜欢捏橡皮泥，看着白云就觉得是橡皮泥，被捏来捏去……”

“再来想一想，白云是谁的橡皮泥呢？到底是谁在捏呢？”“风！”

“对啊，再来想一想，风儿是怎么捏橡皮泥的，最后呢？”

洲洲想了想，送来了这样一首诗：

橡皮泥

白云是橡皮泥

风儿一会儿捏个

大白熊

一会儿捏个

胖沙发

一会儿捏个

大城堡

玩累了

风儿就吹了一口气

橡皮泥就不见了

看着，说着，天空中的白云突然变了脸，有一些慢慢地变成了灰色，眼看就要下雨了。

菲菲指着天空说："老师你看，我觉得是蓝天太调皮了，把白云姐姐惹生气了，脸儿都变了，快要哭了！"乐乐说："我觉得白云是妈妈，把雨滴宝宝抱在怀里，雨滴宝宝不听话，非要到地上玩，白云妈妈没有办法，只好板着脸，送他们下来。"

一阵风吹过，太阳从云层里穿过，天空又恢复了原样。

晨晨拉着我的衣服说："老师，你看看，白云是不是很淘气，就像窗户一样，把太阳关在里面。"

"白云遮住太阳的时候，我觉得像蒙住了太阳的眼睛……"一旁的小力说。

多么有趣的想法啊！我转过头去问小力："白云为什么要遮住太阳的眼睛呢？""太阳在玩捉迷藏吧！""和谁玩呢？""和小朋友吧……"小力陷入了思考之中。后来，小力交给我这样一首诗：

捉迷藏

白云是个捣蛋鬼，
伸出手来，
蒙住了太阳的眼睛，
哈哈，
这下，
太阳就找不到我们啦！

说着，想着，看着，风在吹，云在飘……一会儿，吴书影同学递给我一张小纸条，上面歪歪扭扭地写着几行诗：

小火车

云是一列小火车
一会儿跑到这里

一会儿跑到那里

我想和它玩
可是为了找它
我跑得满身都是汗

算了吧
还是不跟它玩了

我想，这些童言稚语都是诗吧，我希望孩子们能够常常抬起头来，静静地欣赏天边的云彩，放飞自己的想象，并能够让自己的想象具体化。这样，无论是白云还是乌云，不管是朝霞还是晚霞，那悠悠而过的云，或许能让孩子读到一个故事，或者像一列飞驰的火车，载着我们走向远方！

童年的小溪流

——建立起事物之间的联系

很喜欢小时候屋后那条小小的溪流，河水缓缓地流淌着，小小的鱼儿成群在水里游玩，一眨眼，它们就不见了。春天里河边的芦苇，小小的野花，还有几棵高大的树木。夏天里野生的菱角，几朵白莲花。暑假里，小河边，弟弟一个猛子下去，从河那边冒出头来，还有爬到岸边来的大龙虾，而这一切成了我最美好的记忆和财富。不知道现在的孩子，对于小河有着什么样的感觉。

“河水是一个画家，可以画出蓝天，可以画出白云，还能画出岸边的小树。”丁睿康站起来说，“可惜他很穷，买不起颜料，只能用铅笔画。”

听着第一个孩子的发言，我很庆幸孩子们的想象力保护得很好，在孩子眼中，小溪流依旧保持着最初的美好。

“小河是一个照相机，”谭语晗说，“可惜只能拍出黑白照。”

可以看出来谭语晗的“照相机”明显是受丁睿康的影响。但孩子是需要鼓励的，我只是一句“要有自己独特的想法”，孩子们便心领神会了。

“在你眼中，你看到了什么样的小河呢？”我把话题轻轻地推进。

“小河爱锻炼！”韩昊站了起来说，“河水在不停地奔跑，真是太爱锻炼啊！”孩子看到的世界其实是他自己。男孩子看到的是不停地运动，不停地奔跑。女孩子呢？马雨轩说，这是一个爱臭美的小溪呢！

爱美的小溪

马雨轩

小溪非常爱美，
把二月兰
戴头上。
把小杂草
弄上身。
呀呀呀，
小溪流，
你已经很美了。

在这个文静的女孩眼中，小溪流很爱美。在有点儿大大咧咧的孟佳艾眼中，小溪流成了野丫头：把花儿插在头上，把野菜插在头上，和风儿赛跑，和鸟儿聊天，真是一个没人管的野丫头啊！

再来想一想，早晨的小溪流和黄昏的小溪流又会有什么不同呢？

“早晨，阳光照过来，小河开心地喊起来，发财啦，满地的金子！”吕仪宁的发言让孩子们都笑起来。

“小溪流里会有什么样的故事呢？河里有小鱼小虾，还有小石子呢！”我想，我能做的就是让孩子们的思路再宽广些，建立起事物之间的联系，让孩子有更多的发现和启迪。

“我想起一首诗，”陶鑫源站起来说：

苹果是什么味道？
水的味道！
花朵是什么味道？
水的味道！

吃来吃去，
都是水的味道啊！
可是，
为什么听见
他们说好吃呢！
小鱼纳闷地想。

多有趣啊！小鱼在吃水里的倒影，吃来吃去都是水的味道。在这条小河里，孩子似乎已经变成了一条小鱼，有欢笑，也有烦恼。

你听，郑理元是这样说：

水上乐园

郑理元

小小的溪流

大大的水上乐园

小蚂蚁来漂游

小甲虫来游泳

小蚯蚓来解暑

水上乐园真热闹啊

河水奔腾不息，周佳男是这样想的：

运动会

运动会开始了

风一声令下

小鱼跑了起来

小虾跑了起来

小螃蟹也跑了起来

我说，石头妹妹

你怎么一动也不动呢

小溪流边的世界就是这样的丰富多彩：

照镜子

韩　昊

小溪流

是一面大镜子

树太爱臭美了
很想
照照镜子

风看见了
用力一推

树终于
弯下身子
可以照
镜子了

就这样，孩子们你一言，我一语地说着，讲述着自己的发现，描绘着自己的想象。我只是静静地看着他们，帮助他们打开思路。小溪流是什么？什么样的小溪流？溪流里有什么好玩的故事？不同时间的小溪流有什么不一样？小溪流跟身边的小草、小树，河里的小石子又有什么联系呢？……我试图帮他们推开一扇扇大门，去进行思维和想象的练习，在语言和情感中遨游，建立起溪流和生活的联系。

童年是美好的，想象是美好的，我愿意带着他们徜徉在童年的河流里，看看他们眼中的小溪流，感觉非常美好。我更希望他们能够带着这份美好前行，并能将其化为一种记忆和财富，那便是诗教存在的意义了。

绿色的烟花

——学会多元思维

每天上班下班时，都会遇到一棵棵的树。我更喜欢那些落叶的树木。那些常绿的植物，我总觉得是喝了不老泉里的泉水，春天这样，夏天这样，秋天这样，冬天也这样，好无趣啊！所以，每次看到冬天里的樟树，我都会心生怜惜之情：可怜的树啊，那么冷的天，那么厚的雪，还得抖抖索索地站在寒风里。到了春天，我喜欢看梧桐树上的小手是怎么一点点冒出来，然后一点点长大。

我还爱看小区里的几棵枫树，春天里居然开出了枫树花，这是我以前从来都没有看过的。等了好些日子，我喜欢的银杏树终于冒出了小小的、小小的脑袋。

秋天的时候，银杏树一片金黄，我喜欢。春天的时候，它们小小的、嫩嫩的，可爱极了，站在高高的树上，我也喜欢。今年春天，我在路边、在道旁、在街心花园里，记录下了它们的成长。

同样，我也把我的发现和感受传递给了我的这帮孩子。

马雨轩说：“树上的叶子就像绿色的烟花。”

绿色的烟花，好美！是谁把春天燃爆了，一树绿色的烟花绽放着。

“像扇子”“像宝宝”“像头发”“像降落伞”“像小飞船”……

孩子的想象就是这样精彩纷呈，饶有趣味。

接下来，我给孩子们出示了一首诗：

绿色的小耳朵

雪　野

为了能听到
好多的意见
为了能让自己

长得直
长得高

树
才生出了
那么多的
绿色的小耳朵

让孩子们读一读，想一想，诗人把树叶想成了什么，又是怎么写的？

孩子们很快找到：诗人把树叶想成了小耳朵；诗人想到的是小耳朵在听很多的意见，让自己长得高，长得快！

“诗人想到了树叶是绿色的小耳朵，如果我们就沿着这个“绿色的小耳朵”思考下去，你会想到什么？小树在听什么呢？”我把这个问题抛了下去。

“小树们在听小鸟的演唱会。”吕仪宁说。

“用你的方式表达出来。”我等待着，我知道她是可以有着不一样的表达的。

“那么多的小树，那么多的小耳朵，那么多的听众，大家来听小鸟的演唱会，小树变得热闹起来了。”

小树们伸长耳朵听小鸟的演唱会，多么美丽的一幕啊！只是语言不够简洁。

在大家的帮助下，有了这样一首诗：

听

吕仪宁

一只小鸟
站在树梢上开演唱会
大树们伸出了
绿色小耳朵
　细细聆听

多么美好的一个画面啊！通过和孩子讨论、修改，大家明白了，诗歌的语言要简洁、简约。

马雨轩站起来说："我觉得小耳朵们在听春姐姐的心事。"

哦？春姐姐会有什么心事呢？

孩子想了想，说："春姐姐和冬妹妹闹矛盾了，冬妹妹一扭身子就走了，春姐姐找不到她了，很难过，就把心事说给大树听，大树伸出小耳朵听着，却不给她一点儿意见。"

好有意思的想法。当思路打开时候，孩子的想象力和表达能力是让你惊叹的：

上　课

韩　昊

风老师来上课了
第一节音乐课
跟我唱"so-"
可叶子们唱
"fa——"

错了
是“so-”
可是叶子们还在唱
“fɑ——”

那就上体育课吧
“先来跑步！”
“预备，跑……”
可是叶子一动不动

风老师一推
他们摇了摇头
还是不动
风老师
气得走了
“唉！
这群笨小孩！”

邮　　局

郑理元

大树是一个邮局
小鸟
给蓝天写下问候
小虫给远方妈妈
写下了思念
蚂蚁给地下的蚯蚓
发来邀请
可是

一直都没有找到邮递员
信就一片一片挂在树上

广场舞

马雨轩

晚上
广场上的大妈们
在跳广场舞
银杏树叶们认真地学着

阳光下
银杏树们学着大妈的样子
在风的指挥下
也学着跳扇子舞呢

我一直提倡孩子要多阅读，为什么要多读呢？因为阅读可以唤起，可以打开，可以引发孩子多元思维，这是孩子成长的一条路径。在童诗里感受美好，感受节奏，感受语言，感受情感，学会思考，学会表达，那是多么美妙啊！

很多人在困惑，孩子学诗可以仿写吗？我认为可以，但只是练习，不能拿出来发表。孩子们在读别人的诗迸发出灵感的时候，一定要仿写吗？我看未必。孩子读得多了，他自然会选择自己喜欢的方式来表达。当诗里的一个诗句或者一个词语，给他启发的时候，他的灵感必将如沐春风，花开一树。然后引发孩子深入思考，重新构建语言，独立创作，就会成为新的诗作。孩子读诗也好，读故事也好，读童话也好，慢慢读，慢慢体会，这些必将成为他成长路上的风景，化为他生命的一部分。伴随着诗意和浪漫，哲思和情感慢慢长大，那是一件多么美好的一件事啊！

林间，一簇簇新的蘑菇

——抓住缤纷的想象

从教室到操场总会经过一个小花圃，一圈的大叶黄芽，一棵枫树，还有一排高大的梧桐树。每次经过这里，孩子们的脚步就会凌乱起来，他们的目光时时会多出一份惊喜，有时是路过的一只蓝底斑斓的蝴蝶，有时是刚刚开放的一朵小野花，有时是一群急急忙忙赶路的蚂蚁……

今天从操场回来，这群一年级的小不点们又停下脚步，围着梧桐树不知在看什么，还小声地议论呢！是什么吸引了他们的眼球呢？

这时，睿睿跑到我面前，一脸惊喜地告诉我："老师，老师，他们在树下发现了蘑菇！"然后一转身就挤进人群了。

"蘑菇？"果然，在梧桐树根的周围，真的冒出了几簇绒绒、小小的蘑菇。我看着周围一圈亮亮的眼睛，实在不忍心把他们拉回班上。

"多好玩啊！真像一把小伞。"小机灵鬼悦悦蹲下身子，歪着头惊喜地告诉我。

"伞！好像哦！"

"是小蚂蚁的伞吧！可以挡太阳呢！"

"下雨了，小蝴蝶可以来躲雨。"

"还有小蜗牛呢！"

……

孩子们七嘴八舌地说了起来。

我挥了挥手，孩子们看着我。

太热了，太热了
小蚂蚁躲进了蘑菇伞。

下雨了，下雨了
蜗牛躲进了蘑菇伞。

起风了，起风了，
蝴蝶躲进了蘑菇伞。
树林里，蘑菇
为大家撑起了
一把把漂亮的小伞。

孩子静静地听我念着，你看着我，我看着你，会心地笑了。

“小蘑菇，/ 你真傻 / 太阳 / 没晒 / 大雨 / 没下 / 你老撑着小伞 / 干吗？”身旁冒出一个小小的声音。

哈！这正是我们前段时间朗读的小诗，孩子们还记得，真好！

让我们一起来诵读吧！于是，在春天的阳光里，一个个小小的声音随着枝头的风、泥土里的嫩芽一起慢慢地生长起来。

好吧，就做一份鲜美的“蘑菇汤”，和孩子们一起分享一下吧！

“小朋友，看着这蘑菇，你还想到了什么？”

“我觉得蘑菇像一个蹦蹦床……”洋洋犹犹豫豫地说。

“嗯，很好的想法。”我期待地望着他，“谁来玩呢？”

“嗯，蟋蟀来玩，还有螳螂来玩……”

“怎么玩呢？”我看着其他的小朋友。

“蟋蟀在上面蹦来蹦去……”“螳螂也跳来跳去……”孩子们七嘴八舌地说了起来。

“说的真好，老师也想到了。”

孩子们充满期待地看着我。

雨停了
树林里多了几个蘑菇蹦蹦床
蟋蟀跳来跳去
玩得好开心
螳螂蹦来蹦去
玩得好快活

风也看见了

他刚跳上去

就滑下来了……

听到风滑下来了这句话，孩子们都哈哈笑了起来。

“他们……在玩……秋千呢！”榆榆结结巴巴地说。这孩子，一紧张，就会结巴。

我微笑地望着他，等他把话说完。

“风推来……推去，蘑菇……摇来摇去，小蚂蚁就像……秋千一样。”榆榆用手比画着，一边结结巴巴地说。

“哦！是不是这样？”我接着说，“高一点 / 再高一点 / 小蚂蚁抓住了蘑菇秋千 / 在风里快活地叫着 / 风儿一听 / 推得更带劲了。”

“真是一个很好的想法，我们为他鼓鼓掌。”这个学习上有点困难的小男孩在掌声中涨红了小脸。

“我觉得这是一间小房子。”欣欣凑到我跟前说。

“好，大家静下来，听欣欣的想法。”

“下雨了，小蚂蚁来躲雨。天热了，小蚂蚁来睡午觉。玩累了，小蚂蚁来休息……”

想得真好！大家不由自主地为她鼓起掌来。

这下孩子们更活跃了。

“蘑菇是小动物们捉迷藏的地方……”

“蘑菇是巨人的脚印……”

“蘑菇是小兔子的帽子……”

“蘑菇一定是春姐姐的脚印吧！”

……

阳光真好，洒在小小的蘑菇身上，也洒在每个孩子的脸上。此时，春意正浓，空气中弥漫着不知名的花的香味，一点点，一滴滴，风一吹，四处飘荡起来，也把孩子的想象吹得到处都是。

突然，我有些感动，每一个孩子都是自然的孩子，每一颗心灵里都蕴藏着诗意的种子，我真希望领着孩子，沿着童年的路，欣赏着一路的风景：聆听自然的声响，体味生命的静谧，倾听阳光的笑声，感受每一次生命的节奏。我相信，每一颗童心都能开出美丽的花朵。

蘑菇太阳伞

——发现诗行的排列秘密

小花圃里有一丛蘑菇，藏在了密密的灌木之下，好像在跟孩子们捉迷藏。可是，每次孩子们去玩，总是最先把它们找到。一朵花开，一只蝴蝶飞过，或者是小笋儿突然长高一截，都会把孩子吓一跳，也给他们带来很多的惊喜。在一年级的时候，孩子们读林良爷爷的《蘑菇》时，他们那缤纷的想象，至今我还会想起。不知道经过两年之后，孩子们有着怎样的成长？

“小蘑菇是一张蹦蹦床，小蚂蚁在上面跳来跳去。”徐晶菲说。草坪上的小昆虫总是给孩子带来很多的想象。

“小蘑菇是耳朵。”周佳男说，“是啊，远处发生了什么？小草伸出了长长的耳朵，去听。”

“小蘑菇是望远镜。”孙旭说，“小蚂蚁想知道，自己的红气球飘到哪里去了，就爬到小蘑菇望远镜上去看……”

孩子们都长大了，他们的想法更加完善，也更加有趣。不过，最近也出现了一些固定句式，他们喜欢用“什么是什么”作为诗歌的开头。这是一种简单有效的句式，但是这样容易形成思维定势，也是一种惰性的体现。该如何让语言更生动，更形象呢？我思索着。

孟佳艾站了起来：“小蘑菇是海边的太阳伞。”

这个海边的太阳伞有着很多的讯息哦！海在哪里？谁来度假呢？

小丫头想了想说：

草地是大海
小草是波浪
蚂蚁先生来度假
在大海里冲浪
蜗牛小姐
在海里玩帆板
蚯蚓先生玩潜水

玩累了
一起到蘑菇太阳伞下
休息

从蘑菇想到了太阳伞，然后是一连串的想象，大海、冲浪、潜水……似乎很完美了，可是，我总觉得还是有一点点遗憾，那就是诗歌的开头了。

“咱们来试试看，换一个开头，也许会有意外的惊喜哦！”

孩子们都安静了下来，静静地思考着。

有的小朋友说：“草地大海上掀起阵阵波浪”。

还有的说：“阳光下，绿色的大海上，阵阵风浪……”

我提示孩子们，其实诗行也可以重新组合哦！可以让你的小诗更加生动。

最后，在讨论和思考中，我们把这首小诗变了一番模样：

涨潮了

涨潮了
小蜗牛收起了
自己的帆板
小蚂蚁抖了抖
湿漉漉的泳衣
蚯蚓从海底
探出了脑袋
一起来到
蘑菇太阳伞下
倾听草地大海
绿色的潮声

让孩子来读一读黑板上的两首小诗，也让小朋友感受诗行表达的灵活生动性。这是对孩子思维的深度训练，也是让孩子明白，要寻找最合适的语言表达方式。

“我觉得蘑菇是外星人。”王腾站起来说。

“怎么说？”大家问。

外星人

王　腾

你们是从
外星来的吗
怎么和我们长得不一样呢
雨后
小草问
身边的蘑菇

钟思杰也把手儿举得高高："我觉得这一排蘑菇是生活小区，矮的蘑菇是别墅，高的蘑菇是高楼。"

多好玩啊，生活永远是创作的源泉。这么好玩的想法怎么安排进诗行里居住呢？在大家的讨论下，一首小诗也诞生了：

蘑菇社区

钟思杰

雨停了
草地上多了
一个蘑菇小区
高的是楼房
矮的是别墅
小蚂蚁转了几圈
还没有想好
买什么房子来住

打破了一些语言的定势，孩子的表达就更加生动了。你看胡译文同学从"蘑菇是火箭"这个想法出发，得到这样一首小诗：

蘑菇火箭

胡译文

快看，快看
昆虫王国研发的
第一支火箭
准备发射了
可是……

谁也不敢点火
火箭就这样慢慢地
倒塌了

一丛蘑菇引发了孩子们丰富的想象，引来了一串串小小的诗歌。可是也难免单一，我们也可以换位思考，如果你就是小蘑菇，你就是小草，你就是小蚂蚁，你会怎么想。换一个角度，你会有不一样的发现，会有更广阔的天地哦！

过了一会儿，吕仪宁交来了一首《小伞》。

小　伞

吕仪宁

雨过了
天晴了
小蘑菇伞出来了
小草，小草，
到我这儿躲雨吧
小草生气地说
现在已经下过雨啦
伞已经
没
用
啦

读了吕仪宁的诗，大家都笑了，原来是可以换一个角度来思考，把自己想成一棵小草，有想法，会说话。多好玩啊！

几个蘑菇，几行诗，大自然就是这样的奇妙，今天这里开朵小花，明天那里冒出一棵嫩芽。大地总是神秘莫测，不知道会用五彩的笔写下怎么样的故事，怎样的诗行。而孩子，是和大自然息息相关的生命，在大地之上，蓝天之下，与草木之节奏相伴，与花果之美好相随，多好！而我，愿意带着孩子去发现大自然的秘密，去发现诗行的秘密，用这些分行排列的秘密，去表达自己刹那的感动。

一片草叶，一只蚂蚁，几簇蘑菇，带给我们的也许不仅仅是惊喜、浪漫，还有一点思考和启迪吧！

第五章

可爱的动物

虫子节

——不同的视角不同的发现

一场雨过后，一切都变了样。小草的色彩更加明艳，花儿们就像洗了一把脸，清清爽爽，就连空气也变得轻松明快起来了。在墙的一角，灌木丛的旁边，只剩下蜘蛛的半张网在风中飘来荡去，只半天工夫，蜘蛛又会重新坐回到网上，忙碌地修补着它的网。

带着发现，我又走进了熟悉的童诗课堂。看着照片中的蜘蛛，孩子感觉非常亲切，因为这是他们经常看到的啊！

“我看到蜘蛛在网上捉虫子。”

“我在阳台上看过蜘蛛荡秋千。”

“我在草地上看过蜘蛛织网。”

“我今天还在文具盒里看见一只蜘蛛。”

“我们在操场上还看见一只蜘蛛在前面同学的衣服上呢！”

……

孩子们七嘴八舌地说着。

接下来，我出示了一首关于小蜘蛛的诗：

小蜘蛛

（中国台湾）杨　唤

要粘住小蚊子讨厌的尖嘴巴，
要粘住小苍蝇乱飞的小翅膀。
蜜蜂姐姐小心呀，
可别飞到这里来给我送蜜糖！

风儿把落花吹上我的网，
露水把珍珠挂上我的网，
最漂亮的呀，
是我家。

在自由阅读的基础上，让孩子们感受诗中蜘蛛的情绪，是快乐的，乐观的，善良的……再让孩子品读诗歌，感受蜘蛛的快乐，特别是最后一句“最漂亮的呀，是我家”，读出蜘蛛对自己家的喜爱。

接着对比阅读了另外一首诗：

蜘　蛛

［美］艾琳·费雪

我看见一只小蜘蛛，
长着最聪明的脑袋。
她从自己的肚子里，
纺出神奇的丝线滑下，
晃动着悬在空中。
我见她顺着丝线往上爬，
走几步又停一停。

嘿，多么轻松多么自在呀，
我心中整整激动了一天，
怎样才能纺出一条丝线，
也吊在空中荡秋千？

（王世跃　译）

通过自由读，指名读，孩子们都能体会到诗人对蜘蛛的羡慕之情。

接下来，我让孩子们来比较一下这两首《蜘蛛》，看看有什么发现。

很快孩子有了自己的发现，两首诗虽然都是写蜘蛛，可是诗人站的角度不一样。第一首中，诗人把自己当成了蜘蛛，直接写出了蜘蛛的心情，蜘蛛的感受；而第二首呢，写出了自己看到小蜘蛛时的想法。不同的角度，不同的视角，于是就会有不同的诗。

用不同的目光、不同的视角来观察蜘蛛，便会有不一样的想法，不一样的收获。我希望通过两首范诗的学习能够给孩子们一点点启发。

孩子们会有什么样的想法呢？

“我觉得蜘蛛是一个裁缝，”孙旭说，“它每天在做衣服，放了好多的珍珠，明晃晃的……”是啊！这件衣服对于蜘蛛来说，感觉怎么样呢？于是一首诗出来了：

裁　缝

孙　旭

蜘蛛是一个裁缝
它要给自己做一件
世界最美丽的衣服
把星星放上去
把阳光放上去
把一阵风也放上去
衣服做好了
他忍不住说
哇
多美丽的彩衣啊
只是，好像大了点

多好玩的蜘蛛裁缝啊，给自己做的蜘蛛网就是一件大大的衣服，可是好像是太大了些！

“蜘蛛是一个交警吧！”王腾说，“蚊子超速了，就被蜘蛛抓住了，罚站！”这是多么有趣的昆虫世界啊！

交　警

王　腾

蚊子，蚊子
你超速了
蜘蛛交警冲过去
抓住了蚊子
让他在路边罚站

蜘蛛交警抓住了蚊子，让他罚站。这样是不是特别风趣呢！

周贝熙说：“蜘蛛网是蜘蛛的菜市场，蜘蛛每天去菜市场买菜！”

丁睿康说：“昨天是苍蝇哥，今天是蚊子妹，森林里的各位都遭到了攻击，凶手一定是蜘蛛，因为，整个森林只有它精通上网。”

葛轩承说得更有趣了：“世界上第一个上网的人是谁？是发明电脑的人吗？不对，是蜘蛛！”

最让我感到有趣的莫过于周栾妍的虫子节了！

“过虫子节，过虫子节了！”
虫子们一个个跑出来了
蜘蛛来了
结了绳子
挂了灯笼
“太棒了，

又过虫子节了。”

风中摇摇晃晃的蜘蛛，雨中晶莹剔透的蛛网，在诗的引领下，一切都变了模样。生活在同一空间的人，其实可以有不一样的世界。我常常想，用不同的心态，不同的视角，不同的心情来重新发现世界，重新构建世界，从而改变我们的目光，甚至我们的容颜、我们的生活，那是多么有意义的事情。也许这就是诗的魅力，这就是文学的魅力。爱织网的蜘蛛，爱唱歌的知了，爱舞蹈的蝴蝶，在童年时期，应该成为孩子生命的一部分，成为构成他们生活的重要元素。所以，我愿意向着童年生长，愿意带着孩子向着梦想长大。

小小的蚂蚁

——保持好奇心

我经常带着孩子们去草地，去看望一棵小草，一朵小花，或者蹲下身子，去看小小的甲虫，小小的蜘蛛或者小小的蚂蚁。有时，孩子们会盯着蚂蚁看个半天；离开的时候，孩子们还不断回头去看这小小的蚂蚁。

小小的蚂蚁会让孩子萌生怎样的情怀呢？

“我喜欢看蚂蚁搬饼干。”“下雨天，蚂蚁会排着队搬家。”

“蚂蚁挥着触角和小伙伴打招呼也有意思。”“小蚂蚁真是太小了。”……

快看，快看，一只小小的蚂蚁爬上了一片草叶。小小的蚂蚁，大大的叶子，会激发你怎样的思考呢？

韩昊说：“蚂蚁在给草叶剪纸呢！”在剪什么呢？

孩子想了想说："蚂蚁在叶子上剪来剪去，剪出了眼睛，嘴巴，可是叶子依然看不见。"

多好玩的想法呀！

叶子没有眼睛
也没有嘴巴
蚂蚁说
我来帮你吧
剪剪剪
剪出一双眼睛
剪剪剪
剪了一个嘴巴
可是，叶子依然看不见
依然不会说话

多好玩的小蚂蚁啊！在叶子上爬来爬去，剪来剪去，可还是帮不了叶子啊！

胡译文说："小蚂蚁是画家。"

小姑娘顿了顿，"绿叶是画纸，小蚂蚁在忙着画画呢！"

在画画，画什么呀？"画出叶脉，还有叶筋……"这些叶脉像什么呢？小小的树。于是，蚂蚁"画"出了一首诗：

叶子森林

胡译文

小蚂蚁是画家
在绿叶上画呀画
画出了一棵棵的小树

原来

一片叶子就是

蚂蚁的森林啊

朱烁澄站了起来说："蚂蚁在走树叶迷宫呢！走了一整天都没有走出去啊！"

听到他的表达，孩子们都发出了会心的微笑。

这时候，周贝熙举起了小手："我来给朱烁澄补充一下，其实，小蚂蚁不知道，它就在大树爷爷的家里呢！"

多好的孩子啊！有些孩子非常自我，不愿意去听别人在说什么。我欣喜地发现他们能够聆听，能够思考，更善于表达。

丁睿康说："小蚂蚁是一个墨点。"他想了想说：

大树画好了，

小花画好了，

叶片画好了——

叶子上怎么有个小小的墨点呢？

是哪个调皮鬼点的？

哦！原来是小小的蚂蚁啊！

除了在叶子上见过小蚂蚁，你还在哪里见过这小小的精灵呢？

孟佳艾站起来说："小蚂蚁在门前大树下抬虫子，小蚂蚁在我家厨房里搬米粒，小蚂蚁在教室门前搬饼干……我想对小蚂蚁们说，你们真是一群小吃货。"

多好玩的小蚂蚁啊！我们一起来试试，把这段话改成一首诗。要注意把诗歌的语言精练，再精练一些。在孩子们共同的思考下，一首

《吃货》就出来了。

吃　货

门前大树下
你们在抬虫子

我家厨房里
你们在搬米粒

教室门前
你们在搬饼干

哎呀呀
小小的蚂蚁
生活不仅仅是吃啊

这时，王腾站了起来，说：“前几天，我被蚂蚁咬了一口，好疼哦！”说着，还把衣袖卷起来让我们看这个小小的疙瘩。“后来，你把蚂蚁怎么啦？”“我把蚂蚁放了……”好善良的孩子！“那你把蚂蚁放掉以后，是怎么想的？”

王腾笑了，说：“我想跟它说，你不要咬我，我也不伤害你！”

谭语晗也把手举得高高：“有一天，我躺在草地上，一只蚂蚁就爬到我的身上来了。我想，它一定是把我当成大树了！”

大　树

哎？
我身上怎么痒痒的？

原来是一只小蚂蚁！
一会儿爬到我的头上，
一会儿爬到我的手上，
一会儿爬到我的胳膊上，
……
小蚂蚁呀，
你不会把我当成大树了吧！

一只小小的蚂蚁就这样进入了孩子的视线，也排列成文字，成了美丽的诗行。有的孩子喜欢口头表达，而有的孩子呢，他们好像更喜欢用文字来说话。

你看，在孩子们后来交的诗稿里，依然能看到一个晶莹剔透的童年。

水晶外套

蔡友韬

下雨了，下雨了！
蚂蚁躲进了洞里。
雨停了，
蚂蚁走出来一看，
小草先生们
都穿着亮亮的水晶外套呢！

芝　麻

张子洁

草地上
有一粒粒小小的芝麻

排着队
到洞里去
难道
洞里也有一口大锅
正准备炒芝麻吗
……

我常常在想，童诗给儿童带来了什么？细致的观察，丰富的想象，多角度的思维，还有呢？我想，最为可贵的可能就是情感的浸润，让孩子温暖善良。在和孩子们的交流中，其实最让我感动的是，被蚂蚁咬了一口，还是放它回家的那个孩子。捏死一只蚂蚁，是轻而易举的事情，可是他被蚂蚁咬了，还是放了它，那是何等的善良啊！在他们的文字里、话语中，你捕捉到的是孩子满满的想象，其实在想象的背后，更是孩子对这个世界饶有兴趣的目光，兴致勃勃的眼神。

对这个世界永远保持好奇之心、善良之情，那是多么美好的事情啊！有时间带着孩子来到一块空地上，弯下身子，不到一分钟，便会有小小的虫子光临。和孩子一起来观察，来体会，来想象，这是一件多么美好的事情。来吧，从观察一只蚂蚁开始吧！让小小的蚂蚁变成一个个字，一起写出一首首好玩的小诗吧。

看，一只小小的蜗牛

——以小见大

雨后的园子，总给我们带来不一样的感觉，多了几把蘑菇伞，还有刚长出来的嫩草、新鲜的叶片。散养在园子里的孩子更是开心，在有点潮湿的石子路上小心而又有点兴奋地走着、看着。时不时来告诉我他们的发现。

“老师，你猜我发现了什么？”韦一一脸神秘地跑了过来，让我猜他的手里是什么。

“一只蚂蚁，还是一只甲虫？西瓜虫，还是蜗牛？”

“这是我看过的最小的蜗牛，老师，你见过比这还要小的蜗牛吗？”

呵！好小好小，一片叶子对它而言太大了，一片花瓣对它而言也太宽了，好可爱！

一提起蜗牛，我立刻想到了林良爷爷的《蜗牛》诗，幽默风趣，又充满了人生的智慧，很好地诠释了童诗语言的浅语特质。

这只小小的蜗牛是不是也能点燃孩子的诗情呢？

“看到蜗牛，我想到的是陀螺。”马雨轩第一个抢着说，“是谁在玩陀螺啊，好慢，好慢！原来是一只小蜗牛啊！”

好可爱的想法啊！

“我觉得这是一个铜锣烧。”葛轩承说出了这样的诗：

会走的“铜锣烧”

葛轩承

草地上有一个铜锣烧
小蚂蚁来吃
咬不动
小甲虫来啃
啃不了
咦
铜锣烧怎么自己走了

哦

原来是蜗牛啊

丁睿康站了起来，说："看到了蜗牛，我想到了数学题。"

数学题？大家都惊奇地看着他，不知道在他那聪明的脑袋里又装了什么好玩的想法。

蜗牛和鼻涕虫

丁睿康

我喜欢蜗牛

也喜欢鼻涕虫

我想

鼻涕虫＋壳＝蜗牛

蜗牛－壳＝鼻涕虫

也可能

鼻涕虫＋石块≈蜗牛

鼻涕虫＋小房子≈蜗牛

我喜欢蜗牛

也喜欢鼻涕虫

这样的想法，有想象有趣味，除了给他掌声，还能给他什么呢？

谭语晗站了起来，说："我觉得蜗牛是鼻涕虫和海螺的结合体。海螺爱和鼻涕虫玩，结果就分不开了，变成了蜗牛。"

韦一说："蜗牛是鼻涕虫的后代……"

孩子们在一起，可以相互促进，相互启发。不过有的时候，也会互相影响，相互重复。在和孩子们交流的时候，我会保持警惕，看见苗头不对，就尽快收住，让每个孩子都能独立思考，争取有所收获。

看着蜗牛的壳，你还会想到什么呢?

“棒棒糖”“鼓”“盾牌”“盔甲”“橡皮”“帽子”“家”“海浪”“吐司面包”“房车”“箱子”……

孩子们的想象就是这样的天马行空。我就以“家”为话题，读了两首小朋友写的诗：

蜗　　牛

葛安然

蜗牛
喜欢旅游
又怕住旅馆花钱
就把房子
背在身上四处走

蜗　　牛

乔晓羽

蜗牛
是房地产的营销员
为了推销
他背着房子
整天跑东跑西

通过对这两首范诗的阅读，孩子明白了诗歌独创性的重要性。艺术创作，创新是灵魂，因此我不希望孩子们人云亦云，也不希望他们去仿写。想象要独特，更要合理，我让孩子观察蜗牛，它的壳，它的慢，它的黏液，然后联系到自己，去想象，去表达……

于是，孩子们开始静静地思考，然后送来了一首又一首不一样的诗：

果　汁

周佳男

“快来买蜗牛果汁！”
“快来买蜗牛果汁！”
蜗牛先生沿街叫卖着
走一路
洒一路
马路都被他弄脏了
只好请风阿姨来打扫卫生了

看见蜗牛的黏液，周佳男想的是蜗牛先生在叫卖蜗牛果汁，读起来还真是有趣。

蜗牛皮球

潘宥杰

今天
大家一起来玩球
哎呀
不小心踢飞了
怎么玩呢？
蜗牛想到了一个好办法
把自己变成一个球
让大家踢

潘宥杰想到蜗牛把自己团成球，让大家踢，还蛮好玩的。

童诗源于想象，但绝不止于想象，更多的是情感的表达，自我的发现：

自　私

周栾妍

夏天到了
小蜗牛不想
被人家看到自己吃冰淇淋
所以
它就
偷偷地躲在壳里
吃
冰
淇
淋

瞧，孩子有着自己的价值取向，独自偷偷吃，那就是自私。

家

胡译文

小蜗牛要出远门了
妈妈拿给它一个海螺
“孩子，以后你想家了
吹一吹海螺
就知道家在哪里了。”

家的温暖，家里熟悉的物件，总会给我们带来温暖的回忆。

小小的蜗牛，小小的童诗，大大的世界……落在眼中的美好，留在心中的情意。行走在路上的孩子啊，沿途的风景慢慢看，慢慢看！希望一草一木，一鸟一虫，都能够给孩子带来思考，带来启迪。

诗需要想象，但是诗绝不能止于想象。我认为语言的润泽，节奏的感知等诸多元素都需要关注。最为重要的，就是情感的润泽，带着自己的情绪和心情去感知，那就是一个全新的世界，一个带着自己独特感情色彩的世界了。写诗也好，写作文也好，都是一样的道理。真希望孩子们在自然中，在童诗里，放飞想象，找到自我。雨季就要到来，好希望我们的孩子能够多多体味这个独特的季节，去发现自己的发现，表达自己的表达。

夏日的歌手

——感受声音的趣味

一眨眼，已经到六月了，过几天，愉快的暑假就开始了。长长的暑假，长长的夏天。夏天是从哪里开始的呢？我常常在想，是火红的石榴花点亮的黄昏，还是街角的水果店叫卖起西瓜？似乎夏天早就开始了。于我而言，夏天，是从第一声蝉鸣开始的。

就在夏至那天，我正在上课，突然听见窗外的梧桐树上，传来了一声蝉鸣。我停止讲课，和孩子们侧耳倾听这小小的精灵的歌唱。窗外蝉鸣时断时续，孩子们静静地倾听。我猜想，那是一只金蝉，颜色要比“黑大个”漂亮许多。

孙旭说：“我觉得蝉是一个歌唱家。”是啊！站在高高的树枝上，没日没夜地鸣唱着，哪个歌唱家能跟它比呢？光有一个想法，还不够哦！还要深入地想一想哦！

“蝉还有一个名字，你们知道叫什么吗？”我问孩子们。“知了！”“为什么叫知了呢？你们仔细听一听，就会知道。”

这时刘玥昕站了起来说，“我来给知了写一首诗！”

知　　了

刘玥昕

知了，知了，
你为什么只唱一首歌呢？
去年唱这首歌，
今年还唱这首歌，
明年
能不能换首新歌
唱给大家听呢？

对！它永远在唱同一首歌。能不能换一首呢？同一首歌听腻了，听众们真想让知了换一种曲风。听到孩子们有趣的想法，想想就很好玩。

这时，朱烁澄说要给刚刚孙旭说的“歌唱家”补充一下：

歌唱家

朱烁澄

昆虫乐队演唱了
第一首歌曲《夏天》
知了是主唱
你听，他在唱“知了，知了”
唱了大半天

咦，

怎么歌词都一样？

多好玩，会倾听的孩子最聪明！听听别人怎么说，自己再来想一想，就可以有自己的诗了。

听到孩子们的讨论，我出示了林焕彰的《蝉》。

蝉

（中国台湾）林焕彰

蝉的歌儿很好听，
可是要到夏天才唱；
它们喜欢赞美
金色的阳光。

蝉的歌儿很好听，
可是它们只爱在树上唱；
所以，一到了夏天，
树都变成了
会唱歌的伞。

让孩子读了以后想象一下，林爷爷是在什么情况下写出了这首诗？通过研读，孩子还原了诗人的创作场景：可能诗人坐在树下，抬头一看，大树多像一把伞啊！再听一听蝉儿在鸣唱，那么诗人肯定就有了最后一句，树变成了会唱歌的伞。于是再慢慢构思，就有了这样的诗。通过这样的解读，孩子和诗人站在一起，体验诗人的创作过程，也是读诗的一种方式。

读完了诗，再来看看小朋友眼中的蝉，看看树干上的蝉蜕，听听蝉的歌声，又会有什么样的启发呢？

这时孙旭说他已经想好“我的歌唱家”是怎么写的了。

夏日的歌手

孙　旭

知了
夏日的歌手
来树林里
开演唱会了
树叶们纷纷来听
哇！
好多好多粉丝啊！

粉丝们太热情了
知了一激动
就把外套脱了
换上演出服登场了

哈！原来，孙旭说出了知了是个歌唱家之后，一直在思考着怎么来结尾，看到知了壳便启发了他的灵感。

是啊！知了壳也让孩子有了很多的想法。夏日的早晨，我们常常在树上看到蝉蜕，也真的无法想象，当蝉在枝头歌唱的时候，曾经在地下蛰伏了几年、十几年，只为这三个月的鸣叫，难怪脱下旧衣服，就纵身飞去。

韦一说：“我觉得知了就是一个丢三落四的人！”

知了，你真粗心

衣服一丢
就到树上去玩耍了
就像我
在操场上打球
衣服也不见了
唉！你的妈妈
会不会也骂你呢

这就是孩子的想象，总是和自己的生活勾连在一起，让世界染上自己的色彩。

乐　　队

郑理元

昆虫组建了
一个乐队
风是指挥

“知——了——”
“知——了——”

“呱——呱——”
“呱——呱——”

“呼——呼——”
“呼——呼——”

为什么
当我走了过去

想看个究竟
一点声音也没有
怎么了
难道歌手都走了

夏日里，孩子们都想去捉知了，都想亲眼看一看这个歌唱家的样子。可是知了太小了，不像鸟儿一眼就能看见，它们需要你拨开厚厚的枝叶去寻找，可是，当你靠近，却什么也看不见，什么也听不见。你若离开，它们又会扯着嗓门高声歌唱。难怪郑理元能写出这样的诗。

知　　了

耿悦清

我在背乘法口诀
知了一直在说
知了　知了
我来问问你
3 乘以 5 等于几
你还回答
知了——知了
到底等于几呢？

孩子学习的时候，知了也来打岔，可是问问你，却什么也不知道。还总是“知了，知了”说个不停，有时候会觉得很烦。

知　　了

王子腾

知了培训班开课了
许多小动物都来了

“老师，
今天上的什么课？
语文？数学？
还是英语？”
老师只说声
“知了——知了！”

现在几乎每个孩子都上培训班，就像我们班的孩子，暑假还没有开始，各种培训班都已经在等着他们了。所以，在孩子看来，连知了都开培训班了，读着这样的诗是不是有点心酸呢！

我发现，孩子们说蝉的时候，其实更多地折射着我们的生活，有一些有趣好玩的现象：那些唱同一首歌的歌手，或者是自己打球忘记了拿衣服，或者是上各种各样的培训班。原来，自然和生活是可以这样勾连起来啊！

大自然就是这样一本神奇之书，有声有色；孩子的阅读让这本书变得有情有趣，有滋有味。夏也，是大的意义。万物生长，浓荫蔽日，荷塘田田，烈日蝉鸣，夏天似乎用了写意的手法，描绘了多彩的生活。何不带着孩子走进夏天，向世界投去兴致勃勃的目光，倚在那棵柳树下，聆听知了的歌唱，倾听不远处的蛙鸣，感受声音的趣味。夏天是我们的，也是它们的，不是吗？

彩色的蝴蝶树叶

——用想象来连接世界

我们的教室在三楼，推开窗户，就可以看到高大的樟树舒展着浓绿的枝叶，初夏时节，细细碎碎的小花就铺满枝头。很多时候，我们会注意到色彩浓艳的花朵，也许就错过了这样其貌不扬的花儿。可是每一朵花的秘密，蜜蜂们知道，蝴蝶们也知道。所以，我们的教室里时常会有小小的虫子飞过来和我们上课。

那一天是语文课，一只深蓝色和黑色相间的花斑大蝴蝶停在我们的窗棂上。孩子们激动地涌过来，我小心地打开窗子，让它飞出去，并且约请它周四到我们的童诗课上来玩哦！

虽然，蝴蝶没有来，我们的话题却从蝴蝶开始了。

“你在哪里看过什么样的蝴蝶呢？”

“在花朵上”“在花坛里”“在院子里”“在树林里”“在楼下四合院里”……

“有绿色的”“黑色的”“黄色的”……

闭上眼睛，仿佛眼前是飞舞的蝴蝶，它们又会在做什么呢？

“在花瓣上跳舞”“在吃花蜜”“在听我们上课”“在花蕊上打字”……

打字？孩子们瞪大眼睛看着胡译文。

好新奇的想法，在一些平常又平常的答案之中，突然有了这样有趣的启发，那是多么的美妙。

打字员

胡译文

太美了，
太美了！
蝴蝶诗人在花朵
彩色稿纸上
忙着打字
“哒哒哒，哒哒哒”
写下一首首夏天赞美诗。

蝴蝶是一个打字员，一下子就给孩子们打开了一扇窗，让他们从常规的思维中跳了出来，在孩子们的眼前构建了一个新的意境。

这时，我给孩子们带来了林良先生的诗：

蝴蝶的外套

（中国台湾）林　良

毛毛虫
好羡慕蝴蝶，
恭恭敬敬
喊一声姐姐：
你那件美丽外套，
用的是什么衣料？
要花多少片树叶，
才能买得到？

在通读几遍之后，孩子们感受到童诗的趣味。然后让孩子们思考：把毛毛虫换成小蜜蜂行不行？为什么？再来找一找你觉得奇妙的地方，再来说一说这首诗的独到之处。通过读读说说，孩子们能够感受诗歌的趣味——用毛毛虫的视角写出了蝴蝶翅膀的美丽，用童话的形式使诗歌更加风趣。

好的范诗是可以引发孩子们思考的，接下来孩子们的发言就有趣了很多：

韦一认为，蝴蝶是彩色的树叶。彩色的树叶让我们想起秋天的树叶了。

去　　年

韦　一

树林里落了一地的
彩色的树叶
今年
树林里飞舞着一群
五彩的蝴蝶
难道你们是树叶变的吗
曾经的美好落在心里，就永远不会消失

朱烁澄说："蝴蝶是春天的信号员。他在四处寻找着春天的消息，在花朵上，在嫩芽上，在跳动的河水里找到了春天。"

刘玥昕说："这是一把扇子，花儿热的时候，蝴蝶就给他们扇扇子呢。"

孙旭说："蝴蝶穿着迷彩服，这样她和蜜蜂玩捉迷藏的时候，蝴蝶就找不到她了。"

看着蝴蝶的翅膀，丁睿康认为那是蝴蝶的助听器：

蝴蝶的听力不够好

丁睿康

小花对她说
"我请你吃蜂蜜"
蝴蝶说
"什么，什么密码?"
小花又只好再说一遍
"我请你吃蜂蜜"
"什么? 什么东西合情又合理?"

蝴蝶实在听不清
就配了一对好看的助听器
听力变好了
可是再也飞不进花朵里了

小姑娘们呢？非常羡慕蝴蝶的衣服，漂漂亮亮的。

蝴蝶的衣服

孟佳艾

蝴蝶姑娘的衣橱里
有很多的衣服

前天穿的是蓝裙子
昨天穿的是红外套
今天穿的是粉裙子

每天穿的不一样
每天都很漂亮

男孩子们也觉得蝴蝶穿得很漂亮，要到花朵家里去做客呢！

做　客

韩　昊

蝴蝶去花朵家
做客
蝴蝶
打扮得漂漂亮亮的

到了花朵家
花朵请她吃
精心准备的美味花粉

倪启睿觉得，这是一盏盏蝴蝶灯。

夜里
黑咕隆咚的
蝴蝶就在花朵上
点起了一盏盏小灯

想起了语文课上飞来的那只蝴蝶，孩子们也送给它一首诗：

约　　定

徐晶菲

语文课上
我们约好了
童诗课见

可是我们上童诗课的时候
蝴蝶啊蝴蝶
你到哪里去了呢
你忘了我们的约定了吗

看着孩子眼中飞舞的蝴蝶，笔下蹁跹的蝴蝶，一种喜悦溢满心头。我感谢生命中的每一次遇见，我喜欢着大自然给予我们的一切。我惊讶于黑黑的大地上开出鲜艳的花朵，我羡慕整天跳舞的蝴蝶，还有忙个不停的蜜蜂，我爱看草尖上的露水，我目送着一只蜻蜓飞向远方。

我们的孩子一天天长大，我非常害怕课堂上的标准答案，我非常害怕过早用所谓的理性来折断他们的翅膀，所以我努力用文学帮助孩子构建与世界的连接。充满想象地、充满灵性地、用温柔的目光来感知、接触这个世界，那是多么美好啊！纵然现实生活中有很多的不如意，但我还是希望孩子们保持一份美好和纯真，在梦幻的年龄，用诗意的方式和世界对话，那是一件多么美妙的事情啊！

小小的螃蟹
——学会诗意地表达

这学期担任了一年级的语文老师，重新带着一群一年级的孩子出发，真是别有一番滋味！

每天，我们都习惯以诵读开启清晨。教室外面，是香樟的清香和不远处的桂花香；教室里面是可爱的笑脸、好听的声音、有趣的童谣儿歌。我相信，一天天的诵读，会带来一天天的改变。

早上，听着他们快乐地诵读，我不由得想起了那一年跟一年级孩子关于螃蟹的聊天。孩子天生喜爱小动物，我对孩子们讲述了自己喜欢的小动物之后，在黑板上板书了“螃蟹”的拼音，然后问孩子们想到了什么？

孩子们的想象总是奇特的，陈慧举起手来，说：“螃蟹天天用夹子运垃圾。”我想，孩子一定是看到螃蟹的两只大钳子，想起清洁工人是用夹子清理垃圾。原来，所有的想象都来源于生活。

我帮陈慧整理了一下，一首诗就出来了：

清洁工

陈　慧

螃蟹是大海里的
清洁工
每天
把水里的垃圾夹起来
送到岸上去

这样做的目的是，让孩子能够很明确地知道，该如何诗意表达，有趣表达。

读了几遍之后，厉柳灿小朋友也开始举手了，她说："我用剪刀剪房子，剪太阳，剪小山，螃蟹呢？有两个钳子都没有用。"听了她的发言，我想起来这两天他们正在上剪纸课，教室里面落了一地的小红纸、小蓝纸、小黄纸呢！只有善于体察生活的孩子才能捕捉到诗的灵感。

在我的引导下，厉柳灿说出了这样一串话：

剪　　刀

厉柳灿

我有一把小剪刀
可以剪出房子
可以剪出小山
还可以剪出红红的太阳

螃蟹啊螃蟹

你有两把剪刀
可是
你能剪出什么呢？

孩子们都从螃蟹的剪刀展开了想象，可是螃蟹还有很多其他的特征呢！朱益萱小朋友把手高高举起，她说：“螃蟹有八只脚，可是走不快，是因为它横着走路。”

孩子们的思维就是转得快。你看，他们从关注螃蟹的剪刀转到关注螃蟹的行走方式了。我顺势引导孩子进行这样的表达：

螃蟹
你有八只脚
可是总是走不快
唉！
谁叫你只会横着走呢！

林子建把手举得高高的，他站起来说：“螃蟹把小鱼吓跑了，还剪断了海藻……”呵呵，孩子们开始全方位地来关注螃蟹了。我说：“剪断了海藻的什么？”孩子们愣愣地看着我，“剪断了海藻的什么呢？剪断了海藻的裙子。”我自言自语地回答，孩子们都哈哈大笑起来。现在，又一首螃蟹的诗出来了：

螃　　蟹

林子建

你吓跑了小鱼
弄伤了小虾
还剪破了海藻的裙子

你不能再淘气了
不然，
一个朋友都没有了

听了林子建的发言，陈慧又把手举了起来，她说："螃蟹剪破了小朋友的气球。"我反问："螃蟹能剪破气球吗？"旁边的萨兰插嘴说："不可能的，因为气球那么高，螃蟹够不着。"是啊！这其实是一个合理想象的问题。

在学诗的过程中，我们鼓励孩子们大胆想象，但是想象一定要合理，这是大胆想象的原则。为了解决这个典型问题，我问孩子们："螃蟹可以剪破海藻的裙子吗？""可以！""能剪破气球吗？""不能！"一般情况下，螃蟹好像不能剪气球，所以我们想象的时候，要合理，不能胡思乱想。

孩子们的思维基本被激活了。你听，吴静宇是这样说的：

小鱼休息的时候
螃蟹给他们放哨
小鱼游戏的时候
螃蟹给他们保护
龙虾欺负小鱼的时候
螃蟹就把他们赶走
哦！
螃蟹是小鱼的守护神
……

最后，我们在一首儿歌里结束了这一课：

螃　　蟹

手拿两把大剪刀，
身上穿着铁甲袍。
要是有人来惹我，
请他吃我两剪刀！

在说说聊聊的过程中，我感觉要关注到孩子思维的多元性。当孩子聚焦于一点时，可以适度引导，多角度来观察，培养孩子的求异思维；另外，要关注孩子想象的合理性。培育孩子的想象力是诗教课的一个重要目标，但从哪里想，怎么想，还有一个方法引导的问题。很多孩子在观察的时候，为了求异求新，会出现“胡言乱语”的想象，作为教师，一定要及时发现，及时矫正，一定要让孩子们知道：想象来源于观察，也来源于生活。

奔跑的钢琴

——抓住特点有趣表达

大自然里有很多很多好玩的动物，有些长得非常奇怪，比如企鹅，爱穿晚礼服；比如骆驼，背着两座小山峰……而我，觉得最好玩的动物就是斑马，每次过马路经过斑马线的时候，就会想起遥远的非洲朋友。奔跑，迁徙，觅食，它们的身影如电影般在我的眼前闪过。

而我们的孩子，是不是也和我一样，对斑马有兴趣呢？

看着图片上的斑马，你会想到什么呢？

“斑马线”“非洲草原”“梳子”“棋盘”“黑白电影”“钢琴”“隐身衣”……

孩子们果然想象丰富，看似遥远的斑马，在童年的眼睛里却分外有趣。

斑　马

［苏联］马尔夏克

满身都是一横杠一横杠，
这种马的老家在非洲，
你们躲猫猫倒是挺方便，
往草丛一钻就没人看得出来。

满身都是一条一条，
就像小学生摊开的练习本，
在马身上画上这么多线线，
从头画到脚，真好玩！

（韦苇　译）

诗人眼中的斑马，会不会引发孩子的共鸣呢？诗人抓住了条纹这个特点，合理而大胆地想象，想到了躲猫猫会很方便，别人一下子也找不到；还从条纹想到了小学生摊开的练习本，多么有趣！第一个想象围绕着斑马的生活，隐藏着斑马的衣服有助逃生的功能，而第二个想象就是联想小朋友的生活了。读来活泼生动，俏皮可爱。

美好的想象可以写出有趣的文字，那小朋友们的想象如何成为一首首好玩的小诗呢？诗是一种富有独创性的艺术，唯有深入思考，赋予情感才能生成独具魅力的文字。而有时孩子的想象会被禁锢，会缺乏创意，这就需要老师的引导和孩子们更为深入广泛的阅读了。

读了诗人写的斑马，回转头来看看孩子们的想象，哪个想象会让你产生共鸣呢？

“钢琴！”

为什么？

“因为斑马的条纹就像黑白键盘。”

从斑马的斑纹想到了钢琴的键盘，这也是孩子生活的另一个写照。

诗是思想的产物，不是简单的头脑风暴，还需要进一步深入思考，让自己的想法更具象，更形象，也更有诗的味道。而我所做的就是引导孩子再深入思考，让他们的想法更具体。

“你家的钢琴是你弹，那斑马的钢琴呢？斑马钢琴会弹什么曲子呢？……”

在一连串的追问中，孩子从斑马钢琴想开去，最后得到了这样一首诗：

斑马钢琴

这是一架
奔跑的钢琴
风在一遍遍地练习着：
哒哒，哒哒，
哒哒哒，哒哒哒……
草原上到处回荡着
雄壮的奔跑进行曲

读着这样的诗，孩子们是不是会受到启发呢？这不，小马同学举起了小手。

“我觉得斑马就是一把梳子。”梳子？你看斑马的一条杠一条杠还蛮像梳子的。

“有了一个想法之后，可以多问自己几个问题。比如梳子，你要再去想一想，谁的梳子，是怎么梳的，后来呢？”我告诉了孩子们童诗写作的一些秘密。

梳　　子

斑马是一把梳子
黑白色的梳子
你看
梳子经过的地方
草地的头发就变得
顺顺的
滑滑的

从斑马的条纹出发，孩子有了很多的想象。如果换个角度呢？比如斑马为什么会有这样的斑纹？孩子们的想法还真是有趣：

迷魂阵

一只，两只，三只……
许多只斑马围在一起
成了一个迷魂阵
这让狮子的眼睛都看花了

原来斑马的条纹可以迷惑狮子的眼睛啊！不过，又有孩子对斑马的条纹产生了质疑：

草原是绿色的
你的衣服是黑白色的
这样的隐身衣

一点都不好

你该向蜥蜴学习学习啊！

从斑马身上还会联想到什么呢？一个孩子居然想到了熊猫。

亲　戚

熊猫

喜欢穿黑白衣服

斑马也喜欢穿黑白衣服

难道

熊猫和斑马是亲戚？

草原上有斑马的影子，那城市里呢？有斑马的影子吗？孩子们每次经过斑马线，又会想到什么呢？

斑马线

绿灯亮的时候

我踩着斑马线

安全地过马路

草原上的小蜗牛　小蚂蚁

爬到斑马身上

是不是也可以安全地

经过小溪流呢？

大自然就是这样神奇，斑马的斑纹，长颈鹿的脖子，刺猬的刺，大象的鼻子……无一不成为它们的标识，是区别于其他动物非常重要的特点。我们所做的不就是让孩子抓住它们的特点，有趣地表达出来吗？

在童诗的世界里，我常常讶异着孩子们的世界，因为他们无拘无束的想象让我们惊叹，美好纯真的情感让我们叹服。而诗歌的润泽会让他们的情感更为丰富，语言更为纯净，让童诗成为他们的表达方式，不是一件快乐的事情吗？

草地的纽扣

——找寻身边的诗意

教室门前有一块草地，整个春天，我们都看着这块光秃秃的大地，看它一点点冒出绿色，最后变成一片葱绿。

这块草地，自然少不了孩子们关注的目光。一颗小水珠，一只小蚂蚁，一只小蜗牛都让孩子们倍感新奇。

一天，孩子们激动地拉着我："老师，老师，来了一只瓢虫。"

真的，有一只七星瓢虫趴在草叶上，红红的外衣，圆圆的斑点，真可爱。

"看着这只小瓢虫，你们会想到什么呢？"我回头问这帮小孩子。

"捉害虫""散步""它们在跳舞""它们在开车""它们是糖果""它们是盔甲""它们是皮球""日光浴"……

孩子们七嘴八舌，说个没完。

小瓢虫正沿着草叶慢慢往上爬。

"我觉得瓢虫在攀爬。"旁边的小可爱说。

攀爬，多有趣的想法！为什么呢？

"因为叶子是直的，瓢虫一下子爬上去，就像在攀爬啊！"孩子说。

孩子天生就会有着有趣的想象，只是需要再深入地思考一下，琢磨一下，就能有有趣而合理的表达。而我做的，就是让孩子脑子里小小的想象的种子萌芽，开出美丽的花朵。

“攀爬，一般我们说攀爬什么啊？”

“爬山。”

“小瓢虫爬的山是什么？”“小草。”

“草叶是什么呢？”“台阶”……

于是，一个“攀爬”就成了一首诗：

小草是山 / 草叶是台阶 / 瓢虫一级一级爬上去 / 去看风景

“瓢虫圆圆的，多像足球啊！”丰丰在一旁自言自语地说。

哦，足球，多有意思的念头啊！

我掉转头问：“哦！足球，你喜欢玩足球？那谁在踢足球呢？”

“风儿在玩嘛！你看他们踢来踢去的，玩得可开心了。”言言乐颠颠地说。

“哦！我要提醒他们要小心一点。”

“为什么呢？”言言一脸好奇地看着我。

“因为他们把瓢虫足球踢得红一块，黑一块了。”孩子们都笑了起来。

一句“足球”也变成了一首诗：

足球赛

马业丰

风儿们足球赛开始了

七星瓢虫是他们的足球

你一脚、我一脚
哎哟哟
轻一点
看，七星瓢虫
被你们踢得红一块、黑一块了

“我觉得瓢虫是滑滑梯。”萌萌说，“老师，你看，这个瓢虫圆圆的，滑滑的，就像一个滑滑梯！”

“那是谁的滑滑梯呢？他们怎么玩呢？”

正说着，那只瓢虫突然飞了起来，落在另一片叶子上，孩子们都惊叹起来！

“你们看，萌萌说的滑滑梯都变成什么了？”

“飞碟”“直升机”……

就在大家嘻嘻哈哈地欢笑声中，一首《瓢虫滑滑梯》也出炉了：

瓢虫滑滑梯

沈　萌

瓢虫趴在树叶上
一动也不动的
一只蚂蚁来了
两只蚂蚁来了
三只蚂蚁来了
一起来玩
瓢虫滑滑梯

不好了
滑滑梯飞起来

蚂蚁坐上了飞碟
旅行去了

很多的时候，我们只看到了图片中的瓢虫，其实它们飞起来的时候、爬起来的时候、翻跟头的时候，也很好玩，真希望刚才瓢虫的飞翔给他们带来些什么。

“我觉得瓢虫飞起来像一把扇子。”旁边的菲菲说。

说实话，当瓢虫飞起来的时候，厚厚的硬壳突然分成两半，就像两把折扇，线条流畅，真是好看。

“扇子，你从扇子想到了什么呢？”我问她。

“扇子是扇风的，瓢虫在给小草们扇风，因为小草们太热了！”

“你看，小草们都热得怎么样了呢？”我指着小草问她。

“小草们热得都垂下头了！”菲菲说，“扇子一扇啊，它们就有精神了。”

太热了
太热了
小草们都热得弯下了腰
瓢虫扇子来了
扇一扇
小草们就把小腰挺得直直的

旁边的小晨晨突然不说话了，我问：“你刚才说瓢虫是什么来着？”

“忘了，”他挠挠脑门说，“我刚才听他们说，把我想得都忘掉了。”

哈！忘了，忘了也很有趣。

我对晨晨说：“你忘了，小瓢虫也忘了，你看它飞来飞去，它忘了什么呢？”

“忘了回家的路，迷路了！”

“是啊，瓢虫迷路了！”我笑着翻动草叶，“翻翻这片草叶，不是我的家，翻翻那片草叶，也不是我的家，我的家在哪里呢？”

大家都笑了起来，忘了也可以这么好玩。

“小纽扣！”璇璇摸着自己外衣上的纽扣，“老师，你看，我的纽扣就是瓢虫的啊！”

纽扣是瓢虫，瓢虫也是纽扣……

铃声响了，该上课了，孩子们和我一起回到教室。利用课前两分钟，我在黑板上写下了刚才璇璇的《纽扣》：

纽　扣

赵汪璇

小草是大地的风衣
风姐姐吹呀吹呀
吹来了七星瓢虫
七星瓢虫一个接一个
爬到了小草上
有红的　有黄的
就像一颗颗漂亮的纽扣

教室里，孩子们安静地读书写字；教室外，小草自由地生长着，绿着自己的绿，小蚂蚁慢着自己的慢，蝴蝶美着它的美，小瓢虫飞飞停停，一切都是那样的和谐安宁……好希望身边的诗意成为孩子生活的一部分，而我们的陪伴，若阳光若细雨，让孩子保持一份天真，一份浪漫，安静地成长。

我爱青蛙呱呱呱

——声音也会讲故事

在我的记忆中，童年夏夜总是和青蛙、萤火虫、星空在一起。星星在低空闪烁着，那么多的星星哦，在以后的岁月里几乎再也没有见过这么多、这么亮。不远处稻田里的一两声蛙鸣，或者突然响起的高音合唱，成为夏夜最美好的回忆。现在的孩子们呢？空调、冷饮、WiFi似乎成了他们的标配。可是在这样的年代，他们真的不需要田园和自然了吗？

于是我带着对青蛙的记忆，和一群夏令营的孩子聊起了青蛙。

哪里知道，一个孩子站起来："我给青蛙写首诗。"然后就说了一段话："呱呱呱，呱呱呱，我们是庄稼的保护神。呱呱呱，呱呱呱，伸出长长的舌头捉害虫。"

孩子们都笑了起来，这是什么诗啊？

其实，这是很多孩子容易出现的，对诗的误解，以为分了行就是诗，缺少诗味，也缺少意象，更缺少自我的独特表达。然而孩子语感的提高，是需要大量的阅读，深入的思考才能完成的，孩子们还小，要慢慢阅读，慢慢浸润，我们学诗的目的并不是写诗啊！

我对那个孩子说："老师听出来了，你这是对青蛙的赞美，不过啊，你的赞美之词都是别人的，要是有你自己的发现就好了。"然后我停了一下，看向所有的孩子说，"我希望今天能听到你们自己独特的发现和表达。"

小男孩弈凡站了起来说："我觉得小青蛙的呱呱呱好像是在说话。"

"说什么呢？"

“呱呱呱，我为你们唱歌，我为你们捉虫；呱呱呱，你们还来抓我，你们还要吃我。呱呱呱，你们抓我还不算，你们还要抓我的宝宝——蝌蚪。”

对于这样非常有个性的语言，有独特发现的表达，要有掌声。孩子们的目光总是那样的兴致勃勃，他们总能发现一个不一样的世界。

最后我们给这首诗起了一个名字，叫“青蛙控诉会”，是不是特别有趣？

站在青蛙的角度，孩子发现了青蛙的歌声里，有倾述也有控诉，这样富有个性的发现不就是我们作为诗教者一直追求的吗？我想在他的表达里，一定有着自己的情绪。

“我觉得呱呱呱就是青蛙的歌词，它这个歌唱家，永远就这么一句，呱呱呱……”

是啊，青蛙真的只会这一首歌，这样的同一首歌，是不是有点听腻了。这在诗里，该如何表达呢？

整整一夜
你都在唱呱呱呱
整整一个夏天
你都在唱
呱呱呱
你能不能换首曲子
这首歌我都
听腻了

孩子们给这首诗起了一个名字《同一首歌》。孩子们读着这样的诗，会读出共鸣，读出自己的情绪。我也告诉孩子们，诗是自己对世界的看法，是自己对这个世界的重新发现、重新命名，而不是人云亦云。

我又问孩子，你觉得青蛙们真的只唱了一句“呱呱呱”吗？

然后我们读了林焕彰先生的一首诗《好辩的青蛙》：

青蛙只是好辩而已，
绝对不是什么演说家，
整个夏天，什么也不做，
一到晚上就围在湖边，
讨论什么：“月亮是在天上，
还是在水里？”
每晚都争得脖子粗；
叽里呱啦，叽里呱啦，
简直像在吵架，一点儿也不文雅。

从《同一首歌》到《好辩的青蛙》，我希望孩子们拥有求异思维，打破常规，有新的发现，这也许就是创造力吧！

青蛙们“呱呱呱”的叫声里可能是什么呢？

“今天的天气怎么这么热？”

“池塘里的水怎么这么差？”

“树上那只蝉怎么还不休息啊？”

……

青蛙不仅仅会叫，它还会让你想到什么呢？

“最棒的防晒衣！”路昱激动地说，“我发现青蛙穿了一件最棒的防晒衣。”

我看着他，等着他的新发现。

“夏天，妈妈出门的时候总喜欢戴上防晒帽，穿上防晒衣。”路昱说，“我发现青蛙们穿的衣服就是一件防晒衣，和大树一样，绿绿的，再也不怕热了。”

哈哈，原来是这样啊！

大树的防晒衣
是绿绿的啊
穿上绿绿的叶子衣服啊
大树就不怕太阳晒了

青蛙的防晒衣
也是绿绿的啊
穿着绿绿的防晒衣
青蛙也不怕热热的夏天了

读着这样的诗，孩子们都笑了。

“青蛙的孩子，我觉得蛮有意思的。”洋洋站了起来，“我长得像妈妈，妹妹长得像爸爸，可是青蛙的孩子长得怎么一点儿都不像妈妈呢？”

“为什么呢？”

“嗯，长大了就像了，我想，蝌蚪一定是穿着隐身衣，是它妈妈给它穿的。”

……

从青蛙的呱呱呱到青蛙的防晒衣，还有蝌蚪的隐身衣，从青蛙的同一首歌到青蛙的大辩论，从声音的故事到衣服的秘密，从唯一的答案到精彩纷呈的想象，我想这就是文学教育，这就是诗歌教育的一个目的吧！给孩子一双想象的翅膀，去飞去跳，让童年保持着蹦蹦跳跳，多好！

我家的蚊子

——与众不同的想法

说起蚊子，真是夏天永恒的烦恼。特别是到了晚上，总会不请自来，半夜三更地总是在耳边嗡嗡嗡……

直到有一天，我读到林焕彰先生的一首诗，让我对蚊子有一种新的感觉。

我家的蚊子

（中国台湾）林焕彰

我住在五楼，我家的蚊子
也住五楼。

我看电视的时候，
我家的蚊子，不看电视；
它要我，也不要看电视。

我看书的时候，
我家的蚊子，不看书；
它要我，也不要看书。

我睡觉的时候，
我家的蚊子，不睡觉；

它要我，也不要睡觉。

我家的蚊子，嗡嗡叫嗡嗡叫。

它只要我和它，玩打仗的游戏！

这首诗饶有情趣，我读出了诗人豁达的人生态度，对人人皆讨厌的蚊子也可以用一种调侃活泼的句式来表达。在诗中，蚊子就像淘气的孩子一样，不看书，不看电视，不睡觉，整天就想跟我玩打仗的游戏，真拿它没有办法，读来令人忍俊不禁，更有一种启发。

带着各种对蚊子的情绪，我和孩子们聊起了夏天的蚊子。

听听孩子们的表达吧："提起蚊子，我觉得痒痒的，特别难受。""蚊子会咬人，我不喜欢它。"……

果然，孩子们的情绪都是一样的，提起蚊子就是说不完的抱怨。我说："有些词语，很奇怪，读起来就是痒痒的，烦烦的，那就是——"

"蚊子！"孩子们一起笑着回答。

"蚊子送给我红包，"小淘气辰辰站起来激动地说，"我想到了大红包。"说完就呵呵直乐。

"红包？"孩子们都笑了起来，"抢红包嘛！"

同样是红包，抢的红包和蚊子给的红包却不一样哦！来说说两种红包不一样的感觉吧！

爸爸喜欢抢红包

妈妈也喜欢抢红包

蚊子给我一个大红包

我一点儿也不喜欢

“我觉得蚊子很浪费钱。”叶雨辰伸出手指，如数家珍，“驱蚊液、止痒水、驱蚊贴、驱蚊手环、风油精……花了好多钱，可是蚊子还是赶不走……”

“为什么呢？”我笑着问。“蚊子太狡猾了！”叶雨辰说。

“那是因为蚊子是我的忠实粉丝啊！”我给出了一个这样的答案。

“蚊子太吵了！”小苏同学站起来说，“整天嗡嗡嗡！”

“什么时间嗡嗡嗡啊？”我问。

“早上，嗡嗡嗡 / 晚上，嗡嗡嗡 / 夜里，嗡嗡嗡 / 每次都是同一句，嗡嗡嗡”，小苏张口就说了一段，“真是没有办法。”

“我觉得我和蚊子是一个组合，”小力乐颠颠地说，“我们是一个摇滚组合。”

“怎么说呢？”

“蚊子嗡嗡叫，我就啪啪地打它，嗡嗡叫，啪啪打，我俩不就是一个组合吗？”

一首小诗就出来了：

“嗡”
“啪”
“嗡嗡”
“啪啪”
“嗡嗡嗡嗡”
“啪啪啪啪”
这是什么组合
一直排练到深夜

唉，这不是什么组合

是我半夜打蚊子

“蚊子真淘气，它让我们自己打自己。”王之言的话让大家笑得前仰后合。

“你是怎么自己打自己的呢？”大家问他。

“蚊子叮我膀子，我去打。蚊子没有打到，膀子却被我打红了。蚊子叮我腿，我去打。蚊子没打到，腿却被我打红了。蚊子叮我脸，我去打，蚊子没打到，我却自己给自己一个巴掌！”王之言齐整的发言引起了大家的共鸣，这蚊子真是太坏了！

大家再来想一想，如果换一个角度去看，如果你是蚊子，你会怎么想呢？

“如果我是蚊子……”小朋友们从来没有想过这个问题，这就是思维的多角度吧！

“如果我是蚊子，我会觉得你们人类太小气。”张路鸣说。

“怎么小气啦？”同桌偏过头来问他。

“我天天给你们开演唱会，早也唱，晚也唱，可是你们一杯饮料都不肯给我。”哈哈，多好玩的想法。

叶思辰说：“我觉得蚊子就是我们的健身教练。”

怎么说？

“爸爸看电视的时候，会突然跳起来，这不就是让爸爸运动吗？”

“哦！这个想法很有趣哦！想想看，蚊子会让你做哪些运动呢？可不可以变成一首诗呢？”

都说我不好
其实我是你们
免费的私教
让你们奔跑、跳跃

跳舞、蹦跶
让你们出一身汗
可最后
还是被你们干掉
……

听着孩子们有趣的、多维度的表达，我不禁想什么是诗？诗是春花，诗是秋月，诗是一阵风，诗是一片云；诗是妈妈的唠叨，诗是爸爸回家的脚步；诗是美妙的自然，诗是平凡的生活；诗也是我们厌恶的蚊子，是不是？

第六章 生活奏鸣曲

你看见了吗？

——用心去感受

我们常常在一朵花上找到一首诗，在一阵风里捕捉到一首诗，那我们日常的生活，又会给我们什么启发呢？

“教室里，你看到什么？”

“黑板、电视、桌子、书包……”

“有时候地上还有一点垃圾……”陈创一本正经地说。

大家都笑了起来。班上的气氛轻松了些。

“你真的看见了吗？”

“就像这块黑黑的黑板，你看见了吗？用心去看，你又看到了什么？”

孩子们静静地看着我。

我还是有点紧张。经过一段时间读诗的润泽，他们能看到吗？

“我觉得黑板是一位不会说话的老师。”刘致远把小手举了起来。

“为什么呢？”我追问。

“它把知识教给我们。”

“好！”我长长地舒了一口气，把他的话用尽量精短的语言表达了出来。

“我觉得黑板是一个调皮的孩子。”袁梦也开始结结巴巴地来表达了。

她是一个非常聪慧的孩子，不过因为后鼻音发不出来，所以在平时交流中，她总是比手画脚，看着真让人着急。

“为什么？”

黑板是一个调皮的孩子
每天都把脸弄得脏兮兮的
害得黑板擦
天天给他洗脸

听着她有点费力但很是精彩的发现，除了掌声，还有什么可以表达的呢？

思路一下子打开了。

张琬沂也把小手举了起来："黑板是一个怕痒的孩子，粉笔一写字，她就咯咯地笑。"

"黑板是一块黑布，"胡瑜菲说，"老师天天在黑板上写字，就像绣花。"

"黑板是块黑布，
老师天天用粉笔
绣花"

我把她的话转述了一遍，做了一点修改，告诉孩子们，说诗的时候，句子要简洁一点。

徐心语高高地举起了手臂：

黑板是一个爱美的小姑娘
美术老师来的时候，
她就笑了

陈昊说：

黑板是一个舞台
白粉笔、黄粉笔

红粉笔、蓝粉笔

……

天天来开 Party

孩子的想象已经打开了。

许多小手举了起来。听陈信的表达：

黑板是一条马路

粉笔是一辆辆轿车

它们横冲直撞

最后

只好请黑板擦交警来帮忙

以黑板为源头的想象的驰骋让孩子们感受到飞翔的快乐，在一双双发亮的眼睛里，我感觉孩子真的看见了，用心看见了这个世界。

那再来看看我们的教室，你又想到了什么？

用心去看，我们的世界更加有趣！孩子们又陷入了沉思。

我慢慢引导："比如我们的地板、桌椅、文具盒……"

刘怡文的手举了起来：

黑板擦和粉笔

刘怡文

粉笔一写错字

黑板擦就来帮忙

黑板擦

真热心

小机灵邱智阳把手臂也举了起来："刨笔器是一个大胃王，我刨一支铅笔，你刨一支铅笔，他总是吃不饱，他真是一个大胃王。”

于是我引导他试着把话写简洁，这首诗也出来了。

刨笔器

刨笔器是一个
大胃王
你看
我刨一支铅笔
你刨一支铅笔
他刨一支铅笔
总是喂不饱他

看着课桌，孩子们又有了新的发现：

课　　桌

郑丁豪

课桌是一个
害怕孤独的孩子

每次
总要和别的桌子
拉拉手

桌　　椅

徐心语

桌椅是一对好朋友
每次我离开他们
他们就挨在一起

说悄悄话

每次我一回来
他们只好分开了
真对不起
……

我告诉孩子，用心去看，这个世界更加神奇！

接下来一段时间，让孩子们自由创作。

伴着低低的音乐，还有窗外洒进来的阳光。

孩子们时而凝思，时而提笔，时而微皱眉头，时而会心一笑……

接下来的作品交流中，我不得不惊叹每一个孩子的独特发现和体验。

最后，我用这样几句话结束了本节课：

用心去看，世界更加有趣
用心去看，世界更加神奇
用心感受，每件东西都是一首诗
用心感受，每个孩子都是一个诗人

课结束了，但是孩子给我带来的惊喜却迟迟没有结束。那些孩子，看起来有些木讷、有些淘气、有些稚气、有些顽皮……可是他们内心深处的丰富和细腻可以震撼到每一个人。

没有来由地想起泰戈尔的一句诗：

“我存在，
乃是所谓生命的
一个永久的奇迹。”

小小的愿望

——学会表达真实的情感

每个清晨，最快乐的事情莫过于和一群一年级的小娃娃相遇在可爱的童谣童诗里。晨风缓缓地吹，远远的花香沿着风的手指在教室里回荡，一圈一圈，和孩子们可爱的童音交织在一起。

金花和银花

李光迪

金花花，银花花
躲在叶下吹喇叭
嘀嗒嗒……嘀嗒嗒……
吹着吹着做个梦
变成两个胖娃娃——
金花变成大南瓜
银花变成大冬瓜

孩子们有的字不认识，跟着我一遍一遍地读。读了几遍，我问孩子们见过南瓜和冬瓜吗？通过比画、交流，孩子们终于读懂了这首儿歌。在孩子们熟读的基础上，我问孩子们："金花和银花为什么会做梦变成南瓜和冬瓜呢？"

孩子告诉我："那是因为花的愿望就是长成最大的瓜。"

"是啊！每一朵花的愿望是结成一个大大的果，那你的愿望又是什么呢？"

孩子们愣了一下，犹犹豫豫地说："我的愿望是当三好学生。""我的愿望是考上大学。"

这样的答案并不是我想要的，也不是孩子的心里话，但这是孩子最容易给出的答案。

于是，我又领着孩子们读了这样一首诗：

新年愿望

王佳佳

"当当当——"
新年钟声响起了
小蚂蚁许了一个愿
希望自己
变得像大象一样强大
下次兔子妹妹受欺负
可以保护她

我问孩子们，小蚂蚁的愿望是什么？孩子都笑了起来，他们说，小蚂蚁居然想变得像大象一样强大。为什么呢？可以保护兔子妹妹啊！多么美好的愿望啊！

"那你的愿望又是什么呢？你能说说吗？"

"我想和长颈鹿一样高。"林子建站了起来。

"为什么呢？"

"这样我就可以摘到树上的苹果了。"

我把林子建的发言整理了一下，写在了黑板上：

我　想

林子健

我想

长得像长颈鹿那样高
这样
我就可以
摘到树上的苹果了

看着同伴的发言写在了黑板上，孩子们的小手纷纷举了起来，就连上语文课从来不举手的阳阳、芊芊也高高地举起了手。你听，阳阳是这样说的："我想 / 有一双翅膀 / 可以把 / 逃跑的气球 / 抓回来。"这并不是一个很聪明的孩子，但是听了别的小朋友的发言，可以把意思表达得如此简洁，已是让我感到很意外了。

在孩子的诗意表达中，最大的问题就是对于语言的掌握。很多孩子可以有很好的想法、有趣的念头，可是说起来却是啰啰嗦嗦一大段话，如何提取，是一个难题。面对着低年级的孩子，我常常这样要求：说得短一点，好玩一点。

灿灿小朋友是这样说的：

我想变得小一点
再小一点
这样
我就可以
躲在花苞上
美美地
睡一觉了

听了同伴的发言，孩子们的思维开始扩散，黄嘉诚小朋友想得更远了：

下雪吧，下雪吧
我们就可以
堆个大雪人了

孩子说得热火朝天的时候，我们又读了徐鲁的《小拇指的愿望》。

“小拇指有什么愿望呢？”

“想长高！”“想长大！”孩子们七嘴八舌地讨论起来。

“是呀！咱们看看在诗里是如何表达的？”

小拇指的愿望

徐 鲁

每次排队
小拇指
总觉得自己太细太小
所以他有一个秘密的愿望
总想长得
和四个哥哥
一般齐一般高

因为是一年级的小朋友，我只能读给他们听，然后让他们再跟着我读，让他们体会，如何表达小拇指的愿望。

“小拇指有小拇指的愿望，小蚂蚁有小蚂蚁的愿望，小朋友有小朋友的愿望，那你还知道谁的愿望呢？”通过这样的示范，我试图让孩子把关注的目光收回到身边的事物，去体悟情感，让孩子们与自然走得更近。

“种子的愿望是成为一朵最美丽的花。”

“桌子的愿望是给孩子们好好写字。”

……

吴静宇小朋友说：

我是一张白纸
希望小朋友
用五彩笔
给我穿一件
漂亮的衣服

就这样，从一首儿歌开始，孩子们开始倾吐自己的愿望，并以情促情，去体悟周遭事物的愿望。我想，这样的诗意表达，不仅仅有利于提高孩子对语言的感受，更能提高孩子对自然对社会的体察能力，更能丰富孩子们的内心，更能教孩子学会表达出真实的情感。

我的愿望呢？我轻声问问自己，也许就是像这样把诗意的种子撒进孩子的心田，静静地等待诗意的萌芽，童心的开花吧！

教室的故事

——换一种眼光看生活

每个清晨，我们都会踏着轻松的脚步，走进小小的教室，放下书包，拿出书本读书写字；踩着清脆的铃声，我们也会走进教室，倾听着老师们的谆谆教诲。小小的教室，是一个大大的港湾，停泊着我们的快乐回忆；大大的教室，是一个小小的站台，我们小小的梦想从这里出发。

走进我们的教室，看一看我们最亲爱的书包、文具，看一看我们最熟悉的桌椅、墙壁，你想到了什么呢？

板擦儿

徐千雯

板擦儿板擦儿很爱玩
在黑板上跑来跑去
玩得满身都是灰
老师看了很生气
叫值日生捉出去
打屁股

黑板和板擦儿，每天在我们眼前跑来跑去，擦黑板的时候，就需要用到板擦儿，这是多么平常的事情啊！可是徐千雯小朋友看到了板擦儿，有了一个有趣的想法。她把板擦儿想成一个淘气的孩子，在黑板上跑来跑去。最后被老师发现了，叫值日生去打它的屁股，读起来多好玩啊！你看，换一种眼光来看，一切变得有生命，变得有想法，我们的教室也更有情趣。

那在你的眼里，黑板和板擦儿又在做什么呢？是在做游戏吗？它们会是好朋友吗？

你听，看着黑板，刘小熙小朋友有了新的发现：

黑　板

刘小熙

黑板是一个池塘
红笔写了“鱼”字
池塘里就多了一条鱼
绿笔写了“青蛙”
池塘里跳出来了一只青蛙
黄笔写了“叶”字

就飘出了一片叶子
晚上黑板就安静了

打开文具盒，看看我们的文具，在你的眼里，铅笔在做什么，橡皮在做什么，小尺又在做什么呢？

尺

陈　锦

尺是忠厚的小孩，
总是走直路，
不走歪路。

每个文具都有自己的用途：笔，帮助我们写字；橡皮，帮助我们修改错误；而小尺呢，可以帮助我们画直线。是啊，有了尺，线才能画得直、画得漂亮。在陈锦小朋友的眼里，尺就成了一个忠厚可靠的好孩子，因为它从来不走歪路，多有趣的想法啊！让尺这样的“东西”像人一样会思考，有性格，就有了这样一首很有趣又让我们有所思考的诗。这样来思考，这样来表达是不是很有趣？

地　板

徐佳明

教室的地板
是个大力士
你看，课桌，椅子
连小朋友
都被它举了起来呢

地板上有桌子、椅子，还有跑来跑去的小朋友，每天都是这样。可是，小作者却换了一个角度，他站在地板的立场来看教室。你看，地板多棒！把桌子、椅子都举了起来，连走来走去的小朋友也被它举了起来，这样想来，地板真是一个大力士啊！换个角度去看，换一种方式去思考，你会有新的发现哦！

字写错了，就请橡皮来帮忙，可是，你读懂了橡皮的心事吗？来看看这首诗吧！

字和橡皮

陈　超

橡皮想跟字
做朋友

可一碰面
字就隐身了

橡皮愣愣地
想着，为什么
一天天
瘦
下
去

写错字，请橡皮先生来帮忙，这是在学习生活中最常见的事情。可作者却和我们想的不太一样，他想的是橡皮想和字做朋友。可橡皮和字怎么能做朋友呢？橡皮一碰到字，字就不见了。橡皮的心思字永远不懂，难怪橡皮会一天天瘦下去。这让读诗的人有那么一点点心酸。换一个眼光看身边的物品，是不是生活更加有情趣？

让板擦儿做游戏，圆规跳舞，让橡皮和铅笔来说话，地板是个大力士……同学们，换一种眼光观察我们的教室，来体察我们的生活，你会有怎样的想法呢？

选择一种或者两种你感兴趣的东西，赋予它想法，赋予它思想，选择一个你喜欢的场景，选择一个有趣的想法，一起来写一写我们的教室吧！

快乐的游戏

——发现生活中的情趣

你一定喜欢玩游戏吧！是喜欢玩捉迷藏，还是木头人？你们是怎么玩的呢？读一读下面一首诗，你一定会笑出声来的。

游　戏

（中国台湾）詹　冰

“小弟弟，我们来游戏。
姐姐当老师，
你当学生。”

“姐姐，那么，小妹妹呢？”
“小妹妹太小了，
她什么也不会做。
我看——
让她当校长算了。”

你听见了吗？小朋友们在玩游戏呢！玩什么呢？原来在玩老师和学生的游戏呢！不过这首诗里最有趣最好玩的地方就是姐姐和弟弟的对话。小妹妹太小了，她什么也不会做。就让她去做什么？做校长！！哈！太有趣了是不是，因为我们在学校里，老师每天管我们上课、下课、作业、早操……可是校长先生呢？好像我们没有看见他上课，只看见他有时会在操场上露一下脸，或者是在教室门口匆匆而过，看来真的是“什么事情也不会做”。读到这里，是不是觉得很好笑，很好玩？瞧，记录好玩的话语就是一首很有意思的童诗了，你说对不对？你呢？你和伙伴们在一起玩的时候，会有哪些有趣的话、有趣的事呢？

捉迷藏

圣　野

小妹妹跟风
捉迷藏

小妹妹问风
藏好了没有

呆了好一会
没有听风说话儿
小妹妹就从墙角后
跳出来找风
找来找去找不到

忽然“嘻”的一声

风在一棵树上笑起来了
有一片树叶子没站稳
给风一笑
掉下来了

小妹妹连忙跳过去
把树叶子捉住，问它：
风呢？

叶子红起脸孔说：
我也不知道！

读了这首诗，你知道是谁和谁在做游戏吗？原来是小妹妹和风捉迷藏。风可是一个淘气的孩子，来无影去无踪，小妹妹是怎么和风捉迷藏的呢？在诗里，我们发现风一会儿躲在树的叶片后面，一会儿不见了。小妹妹捉不住风，只捉住了红起脸孔的树叶，让我们想起秋天到来时，树叶的颜色都慢慢地变了，变黄了，变红了。瞧，小朋友还可以和风做游戏呢！你来想想看，风有没有和你做过游戏呢？你们又是怎么玩的？

除了我们小朋友会做游戏，其实，大自然里每天发生着有趣的故事，连太阳和月亮都在玩游戏，它们在玩什么游戏？

太阳和月亮

再　耕

太阳是哥哥，
月亮是弟弟，
哥哥和弟弟，

天天做游戏，

你拉不着我，

我抓不住你，

跑来又跑去，

从东追到西。

读读这首诗，再想想空中的太阳，是不是觉得太阳变得有趣起来？它天天和月亮弟弟捉迷藏，早上，太阳出来了，月亮不见了；晚上，太阳跑到了西边，可月亮又从东边爬了上来……就这样，它俩天天追、天天跑，多有趣啊！

太阳和月亮做游戏，树林里的树也在玩游戏呢！

树　林

（中国台湾）谢明芳

一棵、两棵、三棵……

好多棵树，

有的在玩一二三木头人，

有的模仿电线杆，

有的被妈妈罚站，

有的摆好姿势在照相

不动，不动

大家专心地——不动！

你一定见过树林里各种各样的树吧！有的长得笔直笔直的，有的长得歪歪的，每一棵树都长得不一样。知道它们在干吗吗？哈哈，诗人告诉你，它们在玩木头人的游戏，都在专心地不动，是不是很形象很有趣啊？

多么有趣的游戏呀！朋友们，现在让我们闭上眼睛。你看见了吗？落叶在和小动物们玩丢手绢；露珠在荷叶上玩蹦蹦床；小猴在树枝间荡秋千；还有，还有，星星们在月亮船上荡秋千；风穿过窗户来和我游戏……学会发现有趣的事情、好玩的事情，会让生活变得多姿多彩哦！

有趣的影子

——写出不同的样子

“你有我有他也有，黑身黑腿黑黑头。灯前月下跟你走，就是从来不开口。”猜猜这是什么？对啊，就是影子！你观察过你的影子吗？你喜欢你的影子吗？

影　子

（中国台湾）林焕彰

影子在左，
影子在右，
影子是一个好朋友，
常常陪着我。

影子在前，
影子在后，
影子是一只小黑狗，
常常跟着我。

在诗人笔下，影子就像我们身边的一个小伙伴，一只小黑狗，跟着我，陪着我。是啊，你快乐的时候，它陪着你；你孤独的时候，它陪着你；你难过的时候，它伴着你……你喜欢这个朋友吗？

咱们再来读一首诗：

影　子

丁　云

影子是群淘气包，
紧紧地跟着我们跑。

我们立正，
他就立正。
我们做操，
他也做操。
偷偷地跟在我们后面，
一举一动把手摇！

我们，现在，
开始，奔跑！
哈！现在他们可慌了神，
你踩着我，
我踩着你，
一切都乱了套！

在诗人眼里，影子是一群淘气包，你看，当我们游戏的时候，他跟着我们游戏；当我们做操的时候，他跟着我们做操……一举一动都跟着我们学。只是当我们奔跑的时候，影子们就互相踩着，一切都乱了套。这群影子多像一群淘气的娃娃啊！读着这样的诗，你一定喜欢上影子了吧！

影　子

雪　野

影子好懒！
有脚却不会自己走，
躺在地上，
让我拖着走。

影子好胖！
好像没长骨头？
贴着墙壁，
靠它扶着走。

影子好胆小！
这么大的个子，
从不一个人待着，
睡觉，还要我抱。

看看这影子，真的好有趣：有点懒，有脚不会走；有点胖，没有长骨头；好胆小，不肯一个人待着……哇！原来我们的影子是这样的有趣。仔细读读，你会读出影子的各种表情和神态。

读了这首诗，你觉得你的影子是什么样子呢？很可怜，每天都穿着一件黑衣服；好有趣，一会儿变长变短……

我的影子

［英］斯蒂文森

我有个小小的影子，进进出出跟着我，
我可不大知道他到底有什么用场。
他呀，从头到脚都非常地像我；
我跳上床去，倒看见他比我还先蹦上床。

他怎样成长的呢，嗨，那才叫好玩——
全不像真正的孩子那样，慢慢地长大；
有时候他长得那么高，像皮球，一蹦蹿上天，
有时候他缩得这么小，我完全看不到他。

孩子应该怎样游戏，他可是完全不知道，
他呀，只知道捉弄我，跟我开玩笑。
他老是紧紧地跟着我，真像个胆小鬼，你瞧；
我像他紧跟我那样去跟牢保姆可多害臊！

一天早上，非常早，太阳还没有起身，
我起来看到露珠在金凤花儿上闪耀；
可是我那懒惰的小影子，真贪睡，还不醒，
他在我身后，在家里床上，呼呼地睡觉。

（屠岸　方谷绣　译）

读了这首诗，你是不是对影子有了更多的了解？影子真的很好玩，处处跟着我，我到哪里他就会到哪里。影子喜欢长高，一会儿很高，一会儿又会很矮；影子还喜欢紧紧地跟着我，像个胆小鬼；当然，他还会睡懒觉……你喜欢这样的影子吗？

和影子做游戏

王宜振

夜来了
小鱼和小蟹
邀星星下来玩玩
邀月亮下来玩玩

星星顾不上
星星要点灯
月亮顾不上
月亮要织银纱巾

星星和月亮
只好派它们的影子来
和小鱼和小蟹
做快乐的游戏

我们有自己的小影子，星星和月亮也有自己的影子。在黑黑的夜里，它们在清清的池塘里。诗人看着河里的影子，就会想到它们是星星和月亮派来的，派来和小鱼、小蟹游戏的，多有趣啊！原来大自然中还有影子的有趣故事呢！

淘气的影子

黄宇轩

放学了
影子跟着我

我在路上慢慢地走着
影子一会儿爬墙
一会儿上树
一会儿游泳……

淘气的影子
把我想做的事情都做了一遍

读了黄宇轩同学的这首诗，你是不是觉得特别有趣？他在路上慢慢地走着，而他的影子却在做着很多事情，爬墙、上树……把自己想做的事情都做了一遍，多么令人羡慕的影子啊！

黑黑的影子，长长的影子，小小的影子，胖胖的影子，胆小的影子，懒懒的影子，可怜的影子……你的影子是什么样子呢？你们之间会发生怎样的故事呢？

会飞的影子，整天躺着不动的影子，奔跑的影子，在河里游泳的影子，会爬树的影子……观察一下大自然的影子，你有自己的发现吗？

太阳转过身去，留给我们一个漫长而冰冷的影子；小蚂蚁，背着自己的影子一点一点向前爬；小鱼、小蟹跟月亮、星星的影子做游戏……影子和影子之间又有着怎样有趣的故事呢？让我们一起去发现，一起来表达。

有形状的节日

——学会与众不同的表达

不知不觉，一个假期很快就结束了。冷清了一段时间的校园也开始热闹起来，熟悉的桌子椅子也似乎换了新颜，就连太阳也格外给力，暖暖地送来早春的消息。

周四，是我和孩子相约童诗的日子。今天聊什么呢？当然是聊过年啊！刚刚过去的春节，有那么多的喜悦，有那么多的故事，有那么多的感受。即使已经开学了，孩子们依然沉浸在这样的兴奋中。

“刚刚过去的春节，让你想到了什么？”照例我们从聊天开始。

“红红的春联”“大红的灯笼”“大大的福字”“穿新衣”“拿红包”“去拜年”“放鞭炮”……孩子们一下子打开了话匣子，有的同学甚至直接和旁边的同学交流起来。既然如此兴奋，不如我们来读诗。

我在黑板上出示了诗人刘正盛的《有形状的节日》。

有形状的节日

（中国台湾）刘正盛

弟弟说
节日是有形状的。
“什么形状？”
“中秋节是圆形的，
端午节是三角形的，
春节是长方形的。”

“怎么说?”
“中秋节吃月饼,
端午节吃粽子。”
“那春节吃什么?”
“春节拿红包!”
对呀! 天才弟弟!

这是一首孩子在去年就读过，今天读起来特别兴奋的诗。

读完之后让孩子找一找，诗中写了哪些节日？又是怎么写的呢?

孩子们在阅读讨论中，发现了这首诗在写节日时，是从不同的角度来观察的，采取了不同的表现手法，并通过形状来讲述节日的特点，圆圆的月饼，三角的粽子，最后是春节的红包。读了这首诗，会让人感受到诗人的独具匠心，也感受到童诗里的趣味。

“诗人说，节日是有形状的，春节是长方形的。那你觉得春节除了有形状，还有什么?”

“有颜色!”孩子们第一个反应。

“有大小”“有味道”“有声音”“有气味”……

一首好诗就是这样，可以激发孩子们创作的兴趣，还能点燃思维的火花。

“你们都说节日有颜色，那是什么颜色?”“红色!”孩子们大声回答。

“为什么说春节是红色的呢?”

“红包是红色的。”

“灯笼是红色的。”

“福字是红色的。”

“春联是红色的。”

韦一还说：“过年的气氛很好，人们聚在一起很开心，红色又热烈又大气。”……

“既然你们都说春节是红色的，那我们就一起来写一首《红红的春节》吧！”

在孩子们你一言我一语的讨论中，我在黑板上写下了《红红的春节》：

红红的春联/红红的灯笼/红红的鞭炮/红红的福字/红红的红包……

接下来该怎么写？

孩子们安静了，这时候听见一个小朋友说：“还有我红红的脸蛋。”

是啊！所有的红的感受是小朋友的感受啊，那小朋友在哪里呢？所以要把“我”加进去哦！那该怎么加呢？

我挥笔写下：红红的灯光下/，还有我和妹妹/红红的脸蛋/哦！/我过了一个/红红的春节。

就这样，一首集体创作的诗就完工了。

红红的春节

红红的春联
红红的灯笼
红红的鞭炮
红红的福字
红红的红包……

红红的灯光下，还有我和妹妹
红红的脸蛋
哦！
我过了一个
红红的春节

读了我们集体创作的诗，我又问孩子们：“我们对春节还有什么样的感觉呢？”

孟佳艾举起了手：“过年很快乐。”“为什么呢？”“有红包啊！有红包就可以买很多东西啊！”“哪些东西？”在指导孩子写作文或者写诗的时候，最好少用一点笼统的词语，而是要具体一点，精确一些。

她顿了顿，说：“可以买棒棒糖，玩具，糖果……”

“那该如何用诗的语言表达出来呢？”我知道她是一个语感特别好的孩子，所以我在等待：

过年了
爸爸妈妈给我发红包
啊！
可以买棒棒糖
可以买玩具
可以买鞭炮
可以买红气球
过年真好

这是孩子在课堂上临时想出来的，可是在后来交来的诗稿中，她的诗作又变成了另外一番模样：

可乐春节

孟佳艾

春节来了
好开心
因为
可乐来了

以前被困住的可乐
也来过春节了

有的时候，你种下的种子会开出什么样的花朵，真是难以预料。

“我觉得春节是甜。”曾裕琪站起来说，“我早上吃的是甜甜的汤圆，中午又吃了甜甜的巧克力，还有甜甜的苹果，我过了一个甜蜜的春节。”

“我觉得春节是幸福的。”冯文轩说，“我们一家人团团圆圆在一起，妈妈也回来了，坐在我旁边，好幸福。”说着，这孩子红了眼眶。我知道，他妈妈由于工作在外地，平时很少回来，一提起妈妈这个话题，他就会有点控制不了自己。在他后来交来的诗作中，最后一句“只要一天开心 / 一生就会快乐”，读起来让人感觉有点心酸。

除了甜蜜的味道，还有什么味道呢？

有人说是咸的味道，因为妈妈给自己夹了好多菜，吃了好多，有点咸；还有人说是辣的味道，因为妈妈做了他最爱吃的剁椒鱼头……

这时丁睿康站了起来，还没有开口，就开心地傻笑。

“我也想到了春节是快乐的，也是跟红包有关。”

“怎么说？”

丁睿康顿了顿，开始讲述他的感受，言语之间有掩饰不住的笑意。

快乐的春节

丁睿康

当听到有人要送我红包时
我的心里埋了一颗种子
当听到他已经打开包时
种子发芽了

他把红包拿出来时
小芽开花了
他把红包递给我时
小芽“噌噌”长上去了
我拆红包时
又开了些花
啊！好多钱

我的心里结出无数的快乐。

孩子们听着听着就笑了起来。那是因为小丁同学用心中长了一棵快乐树来表达自己的心情，独特又有趣，也恰恰很贴切地表达出孩子们的心情。难怪等他说完，孩子们都为他鼓掌。

过年的时候，拿红包，吃年夜饭，贴对联，挂灯笼，去拜年……一年年我们就这样经历着，重复着喜悦和欣喜。而今天，我们在诗歌里重新去感受生活，在文字中去回味春节。孩子学会换一种眼光来打量这个世界，并试着学会与众不同的表达。他们的目光开始变得丰富，他们的情感也变得细腻起来，他们会试着用文字来表达自己的情感，来表达自己独特的体验。只希望每年春节的时候，他们会想起他们曾经读过的诗，写下的几行诗句吧！

第七章

童诗训练课

好玩的数字

——抓住外形来写诗

数字对我们来说真是太熟悉了。数学课上天天看见；生活中天天遇到：今年我 10 岁了，我家住在 8 楼、妈妈买了 3 斤苹果……但是，我说这些数字里藏着一首首有趣的童诗，你信吗？

数字 9

在妹妹的眼里
9 是一枝又香又甜的棒棒糖

在爸爸的眼里
9 是一根无烟草的烟斗

在农夫的眼里
9 是一把万能的锄头

在我的眼里
9 是个被老师罚站的我

你瞧，一个数字 9 引发我们很多的想象，在不同人的眼里，有不同的想象。你看，在妹妹眼里成了棒棒糖，因为妹妹喜欢棒棒糖；在爸爸眼里是烟斗，因为爸爸经常抽着烟斗；在农夫眼里是锄头，因为农夫离不开锄头。而在我眼里呢？成了被老师罚站的自己。看着数字 9，就能想起小朋友被老师罚站的时候，低着头，一声不吭的样子，多么形象，多么有趣！

每一个数字都有自己的样子，每一个数字都好有趣。看着这些数字，你有怎样的想法呢？

数字 1，你会想到什么？是一支笔，是一棵树，还是长长的影子？

数字 2 呢？是一只可爱的小鸭子，是一把卷尺，还是一个滑滑梯？

数字 3、4……它们又像什么呢？

数字 1

丁　云

总是一个人
说话
走路
没有人陪着
伴着

其实
只要你，
低一下头
弯一下腰
快乐就会
填满你的心里

数字 1 在作者的眼里，成了一个孤孤单单的人，没有朋友，没有伙伴，好可怜哦！有时候，我们可以把数字看成有感情的、会思考、会难受、会快乐的人，那就可以写出有感情的、有趣味的诗作。

1 像一个孤零零的人，那其他的数学呢？如果它们也有情感，也有表情，会是什么样子呢？

0一定是一个小胖子，天天把肚子撑得圆圆的。上楼、下楼、吃饭、睡觉……该有多少麻烦的事情呢？

想想看，这些好玩的数字又让你想到了什么？

5

杜荣琛

屋外有个钩，
挂着爸爸的蓑衣，
屋内有个钩，
挂着姐姐红色的雨衣；
我心里也有个钩，
却挂着一件心事：
明天要远足。

讨厌的雨
为什么下个不停呢？

妈妈！
难道天空也有个钩，
挂着有好多好多漏洞的
特大号水桶？

数字5在我们眼里像什么呢？对呀，像一个钩。这个钩钩住了什么呢？钩住了爸爸的蓑衣，钩住了姐姐的雨衣，还钩住了我的心事呢——下雨了，怎么去远足啊！这首诗就围绕雨和钩展开了丰富的联想，让我们感受到一个孩子渴望雨停的急切心情。原来，一个想法，可以让我们写出一首动情的诗。

6和9

6 和 9 玩踩气球的游戏
一不小心
6 脚上的气球被踩破了
6 不服气地大叫：
“你怎么可以把
气球系在头上？”

读了这首诗，你是不是觉得6和9很有趣，它俩的圆一个在头上，一个在脚上。就像在玩踩气球的游戏。原来数字和数字之间也会有故事，也会有矛盾。

看起来平常的数字王国，原来也藏着一个神奇的童诗世界。每一个数字，都是一个奇妙的精灵。它们是魔术师，一转身，会变成另外一个样子；它们是小淘气，仔细一听，它们正在讲述一个有趣的故事；它们有各种颜色，定睛一看，折射出我们七彩的生活。

每个数字都有自己的样子，有的瘦长，有的圆胖，我们走近有趣的数字，看一看，想一想，听一听，不同样子数字是可以有不同方式的表达哦！

会讲故事的云

——找寻想象的新鲜感

天空像一个大大的舞台，云就像一个魔术师，每天都在表演着不同的节目。让我们一起抬头看看天，欣赏云精彩的演出吧！

云

（中国台湾）于衍鲲

云是，
走动的鞋子，
走过高山，
走过大海，
走过很多地方。
轻飘飘的鞋子，
走过的路，
一点痕迹也没有。

天空中的云好奇妙，一会儿像大大的棉花糖，一会儿又像一张大大的床；有时是巨大的战车，有时是圆圆的热气球……读了这首诗，我们眼睛一亮：云是一双会走动的鞋子，多么奇妙的发现啊！再读读这首诗，它不仅仅告诉我们云是一双鞋子，还告诉我们为什么云是鞋子，原来这双鞋子走过高山，走过大海，走过很多地方……仔细想想，还真是蛮有道理的——云在空中飘过，不就是鞋子在走动吗？轻飘飘的鞋子，不留下一点点痕迹。这首诗把云想成会走动的鞋子，真的很有趣，很形象！

天上的云真的好有趣，它总是在变来变去，仔细看看空中的云，让你想起什么？你有什么想法，又有什么疑问呢？

有时候云是一座城堡，可惜太轻了，风一吹，就消失了；有时候云是一块橡皮泥，被风捏成了小白兔，捏成了小山羊，捏成了小花狗……你觉得云是什么呢？我们可以试着来说一说。

云

今天的云是一辆汽车
我想在里面睡觉
昨天的云是一件白毛衣
我想穿穿看
明天的云啊
你会变成什么呢

你看，天空中的云真是奇妙，今天是一辆汽车，让小作者想在里面睡大觉；昨天是白毛衣，小作者想去穿一穿……看着天空中变来变去的云，小作者展开了丰富的想象，就有了充满奇妙的小诗。再读一读，猜一猜，明天的云又会变成什么呢？

瞧，我们看着天边的云，可以有很多的想法：天上是一个动物园吗？天上是在举办舞会吗？……

云

王开妍

天上飘满了棉花糖，
好吃吗？
我问风。
风一边吃着白云，

一边说："不好吃， 不好吃！" 我想，	它一定很好吃， 要不然风 为什么要吃个不停呢？

在王开妍小朋友的眼里，云成了好吃的棉花糖。把云想成棉花糖并不新奇，新奇的是小作者看见风吹动云，想成了风在吃棉花糖，更为可贵的是，诗融进了小作者的语言和想法，让棉花糖的形象更为生动有趣。仔细读一读，你一定会受到启发的。

云

李　超

云是一群小羊，
风是赶羊人。
赶着，跑着，
小羊全身都是泥了。

天空中不仅仅有白色的云，你看，下雨前就会飘乌云。李超小朋友看到这一切，就把空中的云想成是一群小羊，在风的驱赶下，雪白的毛慢慢都沾上泥了。多么形象的表达啊！开动脑筋，看着空中的云，你又有什么新的想法呢？

天上的云真是太神奇了，天天在讲着有趣的故事：狮子被小狗赶着走、风在玩云牌橡皮泥、太阳做着快乐的粉刷匠……

天上的云真是太有趣，它们在天上奔跑着、忙碌着，有时喜欢穿着雪白的衣裳，有时又换上灰色的衣裳，有时又喜欢穿上艳丽的盛装……

天上的云真是太好玩了，我真想把它摘下来，装进口袋里，这样我跑步时就能拿第一名啦！

一朵云有一朵云的故事，一朵云有一朵云的心情，让我们来写一写会讲故事的云吧！

叶芽儿

——写出独特的发现

三月一过，风开始变得温柔起来，轻快起来了。路边的草地慢慢地变得毛茸茸、绿茵茵了。放眼望去，绿色一团团、一簇簇地到处都是。春天，春天真的来了吗？

春天在哪里？是在嫩嫩的草尖上吗，还是在新开的柔嫩的野花上，或是在林间一只小鸟美妙的歌唱里？

叶芽儿

丁　云

叶芽儿是
　最胆小的娃娃
躲在树杈里
　就是不敢往上爬

轻风拉着他
细雨拍着他
阳光吻着他
他才扬起小脸
和春天一起
站在树枝上

树枝间小小的嫩芽，在春天里第一次露面，有一点紧张，有一点害怕。你发现了吗？春天的风，春天的雨，春天的阳光是那样细心，是那样温柔，帮着叶芽儿站在春天的枝头上，迎接人们欣喜的目光。

再来读读这首诗，你能读出嫩芽的心情吗？非常胆小，想出来却又不敢出来，那样的天真和可爱，是不是？在你的眼中，叶芽儿还像什么呢？像不像一只小小的耳朵，正在听着春天的声音，听见了花朵开放的声音，听见了河流唱歌的声音，听见了小草跑步的声音……想想看，叶芽儿还像什么？一双好奇的眼睛，还是小小的脚丫？春天来了，嫩芽们陆陆续续跑出来，在枝头舞蹈，在风中眺望……

垂　柳

丁　云

低下头去
低下头去
风儿坐在柳枝上
垂下一根根
绿绿的钓竿

动了
动了
向上提了提
哈！
钓着了一簇
嫩嫩的
绒绒的
春

春天里的柳树最是好看了，它们夹在桃花红艳艳的微笑中，这里一丛，那里一丛，可漂亮了。你看见柳树了吗？它们把长长的枝条伸进了池塘里，难道是在钓鱼吗？可是能钓到鱼吗？一起来看看，经过河水洗过的柳条，似乎更绿了，更新了，似乎让我们看到更加明艳的春天，原来柳树钓上来的是春啊！

就这样，春天来了，在细细的枝干间，在柔嫩的叶子间，我们看到了浓浓的春。

细长细长的柳枝，是新鲜的绿色面条吗？会有谁来品尝呢？

细长细长的柳枝，是长长的辫子吗？谁在对着湖水梳妆呢？

细长细长的柳枝，是一个秋千吗？有谁会来玩一玩呢？

三月的春天，有点害怕，总是躲着人们的目光，可是三月的春天里，每一片叶子，每一朵小花都告诉我们春天的行踪。

让我们在林间看一看，看看那些弱弱的小叶芽，它们在风里做什么？仔细去听一听，也许你还能听见它们在说话呢！

小小的叶子，细细的叶子，嫩嫩的叶子，你看到它们了吗？看着这些叶子，你有什么想法呢？有兴趣的小朋友可以自己写一写哦！注意要分行，如果能写出自己独特的发现就更好了！

明天去远足

——写出自己的心情

不知不觉又到了四月，到处可以听见鸟的歌唱，到处可以看见花的明艳。你看，大地铺上了绒绒的绿地毯；你看，空中飞扬了五颜六色的花风筝。让我们背上行囊，去拥抱春风，感受春光，用脚去丈量春天的深度。

明天就要去踏青了，你会有怎样的心情呢？来读读诗吧！

明天要远足

（中国台湾）方素珍

翻过来
唉——
睡不着
那地方的海
真的像老师说的
那么多种颜色吗
翻过去
唉——
睡不着
那地方的云
真的像同学说的
那么洁白柔软吗

翻过来
翻过去
唉——
到底什么时候
才天亮呢

明天要远足了，小朋友们是多么激动啊！你看，翻过来，睡不着，翻过去，也睡不着。在想什么呢？原来是想着明天要去的地方是不是有五彩的海、柔软的云。就这样，翻来翻去总也睡不着。唉，到底什么时候才天亮呢？这首诗把孩子想着明天去远足的激动之情描写得淋漓尽致。

读着读着，你读出怎样的心情呢？明天就要远足了，是不是有点儿激动呢？翻过来翻过去的时候，孩子们会想什么呢？是想到明天要去的动物园里的小猴子是不是很调皮，还是会想到游乐场的游戏很快乐？是想到公园里的花儿开得很鲜艳，还是会想到要登的山上有着好看的风景？让我们试着来说说看哦！

明天就要去远足了，明天就要投入大自然的怀抱中了，明天也不需要上课了，听听爸爸妈妈会叮嘱你什么。

春游喽

丁　云

明天去春游喽
妈妈说
把旅行包整理好
别把东西弄丢了

明天去春游喽
爸爸说
路上跟着大家跑
别把自己弄丢了

明天去春游喽
我翻来覆去怎么也睡不着
所有的东西都带好
一样都不少

那我的睡眠
又丢到哪里去了

明天就要远足了，爸爸妈妈也看出了孩子的心事，还有一点点不放心，对不对？总是提醒“我”要注意这个，要注意那个，别把东西搞丢了，别把自己搞丢了，是不是？“我”已经把明天要用的水杯啊零食啊都带好了，可却睡不着了，看来，“我”把自己的睡眠搞丢了。

春光在窗外等着，阳光在门外照着，春天正敞开怀抱等着我们的到来。明天，我们去远足，好不好？

明天就要去远足了，你想到了什么？想到了美妙的风景，还是有趣的故事？还是……

明天去远足了，你有什么安排呢？是爬山划船，还是去游乐场玩？不管怎样，都是快乐的一天啊！你会想到哪些开心的事情呢？

明天就要去远足了，还会想起以前和小伙伴们一起嬉闹的场景吗？去年的那朵花还会开吗？去年的那只小松鼠还会遇到吗？去年的那一个笑话还记得吗？

远足归来，你又会想到什么呢？是四月的风的色彩丰富，还是那么多花的聚会让你惊讶？是路边的一棵小草让你心动，还是眼前飘过一朵飞行的小花让你叹服？

拿起笔来，写下你的心情，写下你的想法，写下你的发现，写下你的心动吧！要注意分行，还要写出你自己的真实感受哦！

凝视一朵花

——听见别人听不见的

五月，到处开满了鲜花，到处飘荡着阳光和笑声。走进树林，走进花园，你会触摸到春天的色彩和春天的气味。就让我们跟着一只蝴蝶的舞步，在草叶间飞飞停停，去感受春天的美好。

瞧，花儿开了，让我们蹲下身子，靠近一朵花，和花儿对话吧！

花朵是春天的机场

李德民

在明媚的阳光下面
我相信，每一朵花
都是春天的
小小机场

一只蝴蝶刚刚飞走
一只蜜蜂又降落
看它们忙碌的样子
好像在运输着什么
看一看，花色更娇艳了
闻一闻，花香更动人了
那么，这些蜂蝶
——春天的运输机
运来了什么
又运走了什么

一只蜜蜂刚刚飞走
一只蝴蝶又降落
在美丽的花朵中间
花蕊在为春天
导航

看着明艳的花儿，诗人想到的是什么呢？想到花朵是春天的机场，多么有趣而又浪漫的想法啊！花朵是机场，那谁是运输机呢？蜂蝶啊！它们忙忙碌碌的，在运输着什么呢？哎哟哟，它们还有导航呢？谁是导航啊？香香的花蕊啊！忙碌过后，看花香更浓，看花瓣更加娇艳，它们是把春天运来，还是把春色运走？没有人知道。可是我们却看到了春天里它们的忙碌，也读出了春天的美好，是不是？

诗人说花朵是春天的机场，你觉得呢？是香水站，服装店，还是糖果店呢？或者是藏宝阁呢？如果是糖果店的话，谁会来买糖果？花朵们会怎么样呢？顺着你的一个有趣的想法想下去，用简洁的文字表达出来，就是一首好玩的诗了，我们来试试吧！

让我们继续来凝视一朵花，细细地打量它，认真地听它说话，或者闭上眼睛，让它在你的身上洒上香味儿吧！

一朵花就是一个春天

丁　云

原野那头
一朵小小的
小小的花儿开了

风儿放慢了脚步
小心地围了过来

蚂蚁高高举起触角
热情地打着招呼

蜜蜂提着蜜桶飞来
还带来了一个冬天的思念

原野上，一朵小花开了
大家一起暖暖地
看着一个春天的打开

花开了，多么美好！朋友们都来了，小蚂蚁快乐地打着招呼，蜜蜂赶紧飞来，连风都放慢了脚步。花开了，春天又来了！你读出诗人快乐的心情了吗？

春天里，让我们到野外去，蹲下身子，跟一朵蒲公英聊天，听听她的心事；看望一朵蓝色的牵牛花，喝一口她递来的酒；或者照看一下害羞的小雏菊，细细地帮她梳理好小辫子，你会收到花朵的问候；跟热情的美人蕉打个招呼吧，这个大喇叭忙碌了一夜，嗓子似乎有点哑了，给她一点水喝喝吧……

春天里，让我们到野外去，凝视一朵花，你会听见它的歌声，高远而又芬芳，不然，那些蜜蜂怎么会赶来？你会看见它的微笑，迷人而又恬静，不然，小蝴蝶怎么会起舞呢？你会感受到它的热情，热烈而又奔放，不然，小蚂蚁、小甲虫怎么会忙碌地爬上又爬下呢？

春天，跟一朵花做伴，是一件多么美好的事情啊！让我们凝视一朵花，记录下你的心情、你的感受吧！

春天来了吗？

——找到你的新发现

迎着暖暖的风，我们走向春天；踏着细细的雨，我们走进春天。一片绿叶，向我们亮出春天的色彩；一朵小花，向我们发出春天的邀请……让我们一起走进春天吧！

春天来了吗

常福生

春天来了吗？
去问柳枝上的嫩芽。

春天来了吗？
去问桃树上的鲜花。

春天来了吗？
去问池塘里的花鸭。

春天来了吗？
去问梁上的燕子妈妈。

春天来了吗？让我们到童诗里去寻找。诗人用了相同的句式，让我们去问问柳枝、桃花、花鸭和燕子。

读读这首诗，让我们想象一下：柳枝上的嫩芽、桃枝上的花朵、池塘里的花鸭、梁间的燕子……这一幅幅画面让你想到了什么？是不是春天已经来到了你的面前？

再读读这首诗，你是不是觉得读起来特别顺口、流畅。是啊！因为每一节的最后一个字的韵母都是一样，所以读起来才会流利响亮。

春天在哪里？我们在诗歌里找到了。春天在哪里？让我们到田野里，到树林里，到池塘里找一找，你找到春天了吗？和小伙伴们交流一下你找到的春天，说一说你的新发现。

在春天里行走，你会有意想不到的惊喜：一枚嫩芽、一朵小花、一棵小草……你感受到春天了吗？

每一个地方的春天都是不一样的，在圣野笔下，江南的春天又是什么样的呢？

江南的春天

圣　野

“燕子妈妈，
你嘴里衔的什么？
——是小虫子，
是小树枝，
还是一口
湿漉漉、香喷喷的
筑巢的泥土？”

燕子妈妈说
“不，我衔回来
一个万紫千红的
江南的春天……”

燕子飞回来了，在檐下一口一口地筑巢；燕子飞回来了，不停地忙碌着；燕子，燕子，你在忙什么？圣野爷爷用对话的语气，通过燕子妈妈的话，告诉我们，燕子妈妈衔回来的是一个万紫千红的江南的春天。多么美好的感觉，多么美丽的诗句。

春天，在每一个人眼中都是不一样的，来看看这样的诗：

春　天

春天是一本
彩色的书——
黄的迎春花，
红的桃花，
绿的柳叶，
白的梨花……

春天是一本
会笑的书——
小池塘笑了，
酒窝圆又大；
小朋友笑了，
咧开小嘴巴……

春天是一本
会唱的书——
春雷轰隆隆，
春雨滴滴答，
燕子唧唧唧，
青蛙呱呱呱……

春天是一本书，诗人用了三个整齐的句式告诉我们，春天是彩色的书，春天是会笑的书，春天是会唱的书，这样读起来就非常有气势、有节奏，是不是？轻声读一遍，一边读一边想象春天的色彩、笑容、歌声，你就会把这首诗读懂的。再来想想看，你觉得春天还像什么呢？

春天是什么？是嫩嫩的草尖，还是风中开放的第一朵小花？是偶遇的一只蝴蝶，还是树上一只小鸟的美妙歌唱？

春天是什么？是一只小鸟，还是一个小小的孩子？是一本书，还是一首歌……闭上眼睛，感受一下你心中的春天，找出最让你心动的画面，找到你的新发现，然后再用分行的文字来写一写。

如果……
——奇思妙想真有趣

如果这个世界可以重新安排，那一定很有趣；如果一切都听我来安排，那一定更好玩。闭上眼睛想一想，如果每个人头上不长头发，都开满鲜花，那会怎样？

开满鲜花的头

［意］贾尼·罗大里

如果头上不长头发，
种满鲜花该是怎样的景象？
一眼就可以看出，
谁心地善良，
谁心情悲伤。
前额长着一束玫瑰花的人，
不会做坏事。
头上长着沉默的紫罗兰的人，
有点儿黑色幽默。
顶着一头零乱的大荨麻的人呢？
一定思维混乱，
每天早晨徒劳地

浪费一瓶或两瓶头油。

（邢文健　亓菡　译）

头上开满鲜花，那是多么有趣的想法啊！各种各样的花儿有着各种各样的性格，对不对？

你瞧，头上开着玫瑰花是多么美妙的事情啊！这个人一定很浪漫、很善良、很美好，所以他不会干坏事，对不对？那头上开着沉默的紫罗兰的人呢？一定很深沉，所以诗人说他有点黑色幽默。最有趣的就数头上长满零乱的大荨麻的人，哈哈，他一定是思维混乱，才会顶着一头乱麻，怎么理也理不清，对不对？

如果你的头上不长头发，会开什么花呢？你的好朋友头上会开什么花呢？想想会开什么花，开着这些花的会是什么样的人？

如果……这是一个多么有趣的词，可以放得下所有稀奇古怪的念头，可以让这个世界更加有趣，你说对不对？

如　果

［美］谢尔·希尔弗斯坦

如果我长了轮子没长腿，
如果我没长眼睛长了玫瑰，
我会开着自己去花展
也许会捧回一个大奖杯

（叶硕　译）

把自己的腿变成轮子，头上开着玫瑰，然后开着自己去花展，这真是太让人惊奇了！

时光倒流

（中国台湾）黄基博

时光倒流一定很好玩：
河水从海里流向高山，
雨点从地面飘回天上。
太阳从西边冉冉升起，
时序变成了冬、秋、夏、春。
草木先结果然后开花，
叶子由枯黄转为青绿。
鸟儿和飞机，往后飞翔。
人、兽和汽车，
倒退行走。
年老的，
渐渐变得年轻；
年轻的，
一天天长成幼小；
幼小的，
慢慢回到母亲的肚子里。

如果时光倒流，一切都会变得好玩起来，有趣起来：河水倒流到大海、雨点飘回天空、太阳从西边升起、鸟儿们往后飞翔、年老的变得年轻……那幼小的呢？慢慢地回到母亲的肚子里。时光倒流，让我们感受到诗人神奇的想象力，读来令人快乐！

如果时光倒流，你会想到什么呢？

树

梁世荣

如果我是一棵树
妈妈再不会责骂我弄脏衣服了

小麻雀会柔顺地在我臂上
挂一串音符
顽皮的蝴蝶啊
悄悄滑一线尘光
松鼠则在我身上左右跳跃
编一网树阴
嘻！还有可恶的啄木鸟
用他的尖嘴咯咯向我搔痒

如果我是一棵树，好像有很多的乐趣哦！有小麻雀在我的手臂上挂一串快乐的音符，蝴蝶也会滑一线尘光，还有小松鼠在我身上跳跃……当然，还有可恶的啄木鸟在咯咯地向我搔痒。想一想，如果我是一棵树，还有什么快乐，有什么烦恼呢？

“如果”，这是一个多么美妙的词语。读着它，我们就像插上了想象的翅膀，自由地飞翔。

如果头上不长头发，还会长出什么呢？那又是怎样一个奇妙的景象？

如果你有一块魔毯，你想飞到哪里？

如果你是一阵风，你会飞到哪里？

如果你可以留住太阳，不让黑夜到来，这个世界会变成什么样？

如果动物和植物换一个存在的方式，那我们是不是可以牵着一棵树去散步，让松鼠领着孩子站在树洞里晒太阳？

如果我是一棵树，是一朵花，是一棵草，是一块小石子，又有什么有趣的故事发生呢！

拿起笔来，写出你的奇思妙想吧！

听声音讲故事

——感受声音的奇妙

闭上眼睛，打开耳朵，我们能听见各种各样的声音，它们从树林里，从小池塘里，从天空中，从小山里……纷纷拜访我们的耳朵。你听，从树林里传来了奇怪的声音，你听懂了吗？

巴喳——巴喳

［英］杰·里弗茨

穿上大皮靴在林子里走，
巴喳——巴喳！

"笃笃"听见这声音，
就一下躲到了树枝间。

"吱吱"一下蹿上了松树，
"蹦蹦"一下钻进了密林。

"叽叽"嘟一下飞进绿叶中，
"沙沙"哧一下溜进了黑洞。

全都悄没声地蹲在看不见的地方，

目不转睛地看着“巴喳——巴喳”越走越远。

（韦苇　译）

读了这首诗，你的耳边一定响起了各种各样的声音了吧！

“巴喳——巴喳”是什么声音？仔细读一读，是林子里的大皮靴，那一定是猎人的；那“巴喳——巴喳”的声音，一定是猎人可怕的脚步声了。你听，“巴喳——巴喳”的声音从远处传来，林子里有着怎样的故事呢？

你听，一个个声音在讲故事呢！“笃笃”躲进了树叶间，“吱吱”一下蹿上了松树，“蹦蹦”一下钻进了密林。“叽叽”嘟一下飞进绿叶中，“沙沙”哧一下溜进了黑洞。我们一起来猜一猜：“笃笃”“吱吱”“蹦蹦”“叽叽”“沙沙”分别是什么动物呢？我想你一定猜出了答案。

我们来做一个游戏，把里面的声音换成动物的名字来读一读，你发现了什么？变得不再那么有趣好玩了，对不对？

我们再来读读这首诗，你会发现有了这个有趣的声音，诗歌读起来特别有节奏，特别有趣。

老祖母的牙齿

（中国台湾）曾妙容

时间真是恶作剧，

爱在老祖母的牙齿上开山洞；

风儿更顽皮，

在那山洞里钻来钻去。

嘘！嘘！嘘！

老祖母的话儿半天才说一句：

去！去！去！

逗得我们笑嘻嘻。

你看见淘气的风了吗？它们在老祖母牙齿里钻来钻去。“嘘嘘嘘”“去去去”这些表示声音的词形象地表现了风的淘气。风的声音“嘘嘘嘘”和老祖母的话儿“去去去”巧妙地把风声化为了风和老祖母的对话。真是太有趣了！

雨

丁　云

滴答，滴答，滴滴答……

夜都深了，

你还在房檐上敲着琴键。

一定是和我一样，

是个调皮鬼，

平时偷懒不练琴，

老师明天要检查了，

今天一直复习到深夜，

影响了别人休息，

你也不管。

真拿你没办法。

你听见雨点的声音了吗？“滴答，滴答，滴滴答……”在诗人的耳朵里，听见的却是“do mi，do mi，do do mi ……”的琴键声。一个淘气的小顽童，一个平时不练习，老师要检查的时候，连夜练习的小琴童，不管别人是否休息，只管自己练习的小孩子……真让你没有办法。

“滴滴答答……”“哗啦啦……”雨点总在不停地说话，在窗台上说，在房顶上说，在树梢间说，在小山上说，早晨说，晚间说，夜里说……你听见了吗？你听懂了吗？

身体的语言

［美］谢尔·希尔弗斯坦

脚说：“嘿，我们去跳个舞。”
舌头说：“我们吃点东西填饱肚肚。”
大脑说：“我们来读一本好书。”
眼睛说：“让我们睡个舒服。”
后背说：“我们坐车出去兜风。”
腿说：“我们不如出去散散步。”
屁股说：“嗯，我就坐在这里，
等着你们把决定做出。”

（叶硕　译）

好吧，让我们静下心来，听一听身体的语言吧！读一读，你会发现很有趣。脚有脚的想法，舌头有舌头的看法，大脑和眼睛的意见不同，后背和腿心思不一样……哈！所以，屁股也没有办法了！

你听过你身体的语言吗？周末的时候，你的身体是不是在讨论？

你听过声音说的故事吗？

厨房里，锅子“咕嘟咕嘟”、铲子“咣咣咣咣”、碗筷“叮叮当当”，它们在说些什么呢？

树林里，树叶和蚂蚁在说话，蜗牛和雨点在说话，你听懂了吗？

阳光下，蒲公英在轻轻地歌唱，花朵在听蝴蝶讲故事，风在草间轻轻地散步，你听见了？

下雨天，雨点就像一群淘气的孩子，四处游逛，到处游戏，它们说着笑着，你又听见了什么？

闭上眼睛，打开耳朵，让我们听一听、写一写世界上最美妙的声音吧！

夏天，哦，夏天
——多方位感知

夏天在哪里，夏天在哪里？让我们一起来寻找。天上太阳烧，树上知了叫，河里青蛙跳……你找到夏天了吗？

夏天在哪里

许　浪

夏天在头上，
头上戴草帽。
夏天在街上，
街上买冰糕。
夏天在床上，
床上睡午觉。
夏天在河里，
河里在洗澡。

你找到夏天了吗？是啊，夏天在头上，夏天在街上，夏天在河里……原来夏天就在我们身边啊！

再来读读这首诗，我们会发现读起来很顺口，原来是“帽、糕、觉、澡”的韵母都有“ao”，所以读起来特别响亮、活泼。

再来读读这首诗，你又有什么发现呢？原来第一行的字尾，就是第二行的字头，这样读起来就会有一种连环往复的感觉，对不对？

让我们再读读这首诗，感觉一下诗歌的节奏，想象一下诗中的画面，你会觉得夏天真的很有趣。

夏天在哪里，让我们继续来寻找：走进池塘，我们看见荷花都开了，青蛙在荷叶上蹦跳。

走进树林，我们看见雨后的草地上冒出了一个个小蘑菇，开满了五颜六色的小花。我们还听见知了不停地叫着……

夏天在哪里，让我们继续来寻找：

抬头看天上，太阳像火烧。

低头看身上，衣服穿得少……

夏天在哪里，你一定能找到。

原来夏天是这样的缤纷美丽啊！你能学着诗人的样子来填一填吗？

夏　天

（中国台湾）林焕彰

妈妈，冰淇淋在正午的巷口叫我
妈妈，冰淇淋在正午的巷口叫我

他们说：夏天是炎热的季节
他们说：夏天是炎热的季节

妈妈，冰淇淋在我肚子里唱着
妈妈，冰淇淋在我肚子里唱着

他们说：夏天是冰凉的季节
他们说：夏天是冰凉的季节

说起夏天，我们最大的感受就是……就是热，是啊！热热的太阳，热热的空气，热热的身体，热得直冒汗，热得真让人受不了。你最想干什么呢？是啊，是吃冰淇淋。你听，诗人说得多么巧妙：冰淇淋在正午的巷口叫我，他们说夏天是个炎热的季节。在吃了冰淇淋之后，诗人又是怎么说的呢？冰淇淋在我肚子里唱着，他们说：夏天是冰凉的季节。多么有趣的表达啊！

再多读几遍，你会发现这首诗非常好玩。每一节都是相同的句式，反复地读着，你会感受到孩子想吃冰淇淋的急切之情以及吃完之后的快乐之情。

萤火虫

萤火虫，
提着小灯笼，
飞来飞去，
因为
不知道要把灯笼
放在哪里，
所以到处乱跑，
这棵树也不好，
那棵树也不好。

夏夜里，萤火虫一闪一闪，你们是在给黑夜点灯吗？在诗里，我们找到了答案。原来是萤火虫在到处找地方挂灯笼，可是一直没有找到满意的树啊！只能到处飞、飞、飞……

你看，稻田里、池塘边，小小的光在闪动，你想到什么呢？

你瞧，平时最普通不过的事情，我们换一个角度去思考，去打量，就会有非常新鲜的感觉哦！

走进夏天，就走进快乐的故事，和池塘边的青蛙一起快乐的歌唱，和水珠一起在荷叶上打滚，和蛐蛐一起开个演出会。

走进夏天，就走进美丽的画面，一朵朵荷花在河边笑红了脸，一片片晚霞烧红了半边的天空，一只只红蜻蜓飞进了安静的黄昏。

走进夏天，就走进了热闹的世界，知了在树梢间不停歌唱，雷公公隔几天就在天上咚咚咚地敲鼓，大海边传来阵阵嬉闹的声响……

哦，夏天，多么美好的夏天，你能写出心中美丽的夏天吗？

看得见的笑声

——让看不见的事物具象化

你一定看过各种各样的笑，有微笑，有大笑，有怪笑……你一定听过各种各样的笑声，细细的，轻轻的，大声的……那你看见过笑声的模样吗？它是红色还是绿色，它是瘦大个还是胖小子呢？

笑

［日］金子美铃

它是美丽的蔷薇色，
比罂粟籽还细小，
当它散落地上时，
就像焰火噼啪绽放，

开出大朵的花儿。

就像眼泪簌簌滑落，
如果微笑也会这样落下来，
会是多么多么美啊。

（吴菲　译）

你看到笑声了吗？在金子美铃的笔下，这笑声是有颜色的，是有形状的，还会像焰火劈劈啪啪，能绽放出大朵的花儿。

是啊，笑是世界上最美的一种语言，笑声应该有着世界上最动人的模样。所以，笑声落下来的时候，会是多么多么美啊！

金子美铃认为笑声是美丽的蔷薇色，比罂粟籽还细小。你认为呢？也许妹妹的笑声的样子和爸爸的笑声长得不太一样。仔细想一想，你身边人的笑声会什么样子呢？

笑　声

［马来西亚］梁志庆

下课钟声响后，
笑声也响了，
它挂满教室，
串在走廊上，
然后跳下梯级，
越远，声音越细。

笑声，
追逐在操场上，
给抓住的笑声，

又和几个笑声，
扭成一团，
分不开来了。

上课钟声一响，
笑声就和解了，
走进教室后的同学们，
再也不乱丢笑声了。

瞧，这里的笑声更加有趣，它挂满教室，还串在走廊上，然后跳下梯级，你看，这里的笑声真的好可爱，它会跳会蹦，还会抓在一起，扭成一团，让我们不由得想到这些笑声的小主人——那群可爱活泼的孩子，你一定能看到他们那溢满笑容的张张笑脸。

笑声的样子一定比野菊花更迷人，比阳光更灿烂，比米兰更芬芳……

其实我们不仅仅能看见笑声，还能看见各种各样的声音，还能听见春天的喊叫声呢！

春　天

（中国台湾）黄于蓉

春天的喊叫声
把绿叶叫醒
也从棉被里
把我拉起来
春天一定站在门外
门才会笑口常开

春天的喊叫声，绿叶一定听见了，它才会挺起身来；花儿听见春天的叫声，才会探出脑袋；青蛙一定听见了，它才伸个懒腰，起床了……你是不是也听见了春天的喊叫声？

快　乐

吴　兵

满脚是沙
满手是泥巴
脏孩子，脏孩子
是谁在说话

那快乐，干干净净
像地里刚冒出的草芽

孩子们玩得满手满脚满身都是泥巴，变成了一个脏孩子。可是，这个脏孩子心里充满了快乐。那是怎样的快乐啊，你能感觉到，可是却又无法用言语来形容。“那快乐，干干净净 / 像地里刚冒出的草芽”，读着这样的诗句，你一定能体会到孩子们的快乐，正在往上冒。

读读诗，你会体会诗歌语言的准确、形象、生动。看不见的快乐，好像一下子就呈现在我们面前，而且正在咕噜咕噜地往上生长呢！原来读诗可以看见别人看不见的画面啊！

桂花栗子

丁　云

警察叔叔，
你不要责怪我
乱闯红灯。

都是街那头

桂花栗子的香味

遮住了我的眼睛。

因为被街那头桂花栗子的香味吸引，诗人连红绿灯都看不见了。

那香味我们能闻见，可是在诗人眼里，香味看得见，还能蒙住她的眼睛，是不是很神奇？诗就是这样的神奇，它能让我们看到看不到的画面，它能让我们听见听不见的声响。

让我们走进诗的世界，去看各种各样的声音：小鸟的叫声一定是五彩的，风的颜色一定是四季不一样的，花开的声音一定是芬芳的，树叶落地的声音一定是淡蓝色的……

拿起笔来，写一写别人看不见的东西，写下你有趣的发现吧！

秋天的信
——找到季节的秘密

不知不觉，夏弟弟已经悄悄地走远，秋姑姑慢慢地走来了。她走过田野，田野就变得一片金黄；她走过树林，树林就穿上了五彩的外衣；她走过花园，菊花换上了新发型……你看到秋姑姑了吗？

秋天的信

（中国台湾）林武宪

秋天要给大家写信

用叶子做信纸

请风当邮差

偷懒的邮差
每到一个地方
就把信一抛

有的信，落在松鼠头上
有的信，掉在青蛙身旁
赶路的雁，也衔了一页回家

池塘里，草丛中
到处都有秋天的信
动物们急忙准备过冬

秋天的信是什么呢？读了诗我们知道，秋天的信是落叶。谁来送信呢？原来是风。是啊，风一吹，一封封信就出发了。风这个邮差很偷懒，每到一个地方，就把信一抛，多形象啊！让我们想起了风吹过树林，叶子纷飞的模样。你看，信落在池塘里，落在草丛间，落在树顶上，落在青蛙的旁边……虽然风这个邮差很不负责任，可是大家都收到了秋天的信，忙着准备过冬呢！诗人把落叶想成是秋天写给大家的信，非常形象生动有趣。

秋天给青蛙写信，青蛙收到了；秋天给大雁写信，大雁也收到了。你还知道秋天会给谁写信呢？信上会写哪些内容呢？我们一起来想一想哦！

秋天的枫树林

（中国台湾）林焕彰

夏天的枫树，

每一棵都是一个
大鸟巢；
它们的每一片叶子
都是绿色的，
一只只睡着的鸟儿，
甜甜地睡着了的鸟儿。

秋天来了，
它们才会醒来；
醒来了，
它们才会叫；
它们叫了，
就有风；
有了风，
它们才会飞；
会飞，它们就
高高兴兴，
缤缤纷纷地飞了起来。

秋天里，最美的就数树林了，层层叠叠的色彩，好像是画家打翻了颜料盒，到处都流淌着浓烈的色彩。读一读这首诗，你会感觉诗人的想象真是奇特，一棵树是一个大鸟巢，每一片叶子就是一只小鸟。夏日里，安安静静地睡觉。秋风一吹，它们就会醒来，就会叫，跟着风还会飞，高高兴兴地、缤缤纷纷地飞。慢慢读一读，细细想一想，你一定能想到秋风吹动，红红的枫叶飘舞的样子。多么形象，多么好看！在诗人林焕彰的眼里，红红的枫叶变成了会唱会叫的小鸟，多么有趣啊！

染　发

丁　云

枫树姐姐把头发染红了，
银杏树阿姨把头发染黄了，
……

她们因为爱美，才染了发，
头发又都掉光光了。

妈妈呀妈妈，
你怎么能去染发呢？

秋风一吹，树林里的叶子可漂亮了，也引发了人们无穷无尽的想象，是可爱的小鸟，是美丽的蝴蝶……读了这首诗，你会觉得很有趣：秋天的树叶变了颜色又落了，在诗人眼里，就成了树儿爱美去染发，结果落光了。看着妈妈去染发，诗人着了急，你怎么能去染发呢？看来诗人生怕妈妈跟树叶一样，头发也掉光光，多么有趣的想法啊！

稻　田

朱邦彦

稻田
这本书
风好爱翻
太阳好爱读
风翻来翻去
太阳一读再读
一直读到——熟

秋天不仅树林美，稻田也美，金灿灿的，黄澄澄的，一派丰收的景象。看到这一望无边的稻田，你会想到什么？地毯，海洋，还是一幅画？读读这首诗，一定会给你启发，诗人把稻田比作了一本书，风来翻一翻，太阳来读一读，一直读到熟。多么形象的表达啊！风儿吹动，就像翻动书页，哗哗作响。特别是一直读到熟，非常生动，好像是我们小朋友们读得时间长了，自然而然就熟了。这儿的熟既指庄稼的熟，也指小朋友读书要读到熟，一语双关，意味深长。

走在秋天里，就像走进了一幅画，七彩的树林，金黄的稻田，雪白的芦花，还有那可爱的蒲公英。

走进秋天里，就像走进一首歌里，蟋蟀在草丛里歌唱，秋风在树林里吹着口哨。

秋天有时候变得很小很小，能和蚂蚁说话，能给金铃子伴奏，还能和一片落叶对话。你听见了吗？

秋天有时候变得老大老大，站在高高的芦苇上，又追上了远去的雁群。你看见了吗？

拿起笔来，发现秋天的秘密，写一写属于你的秋天吧！

好好吃的秋天

——吃出来的诗

树梢间知了的声音越来越弱，渐渐消失了踪影；大雁又开始收拾行装，飞向南方。当林间一片树叶悄然落下的时候，你可发现，秋天已经来了。

是的，秋天来了！田野里一片金黄，树林成了浓墨重彩的油画。

最让我们心醉的就是那散发出迷人香味的果园了。让我们跟着秋风的脚步，一起来尝一尝秋天的味道吧！

石榴娃娃笑了

王宜振

石榴园里是石榴的家
那里生活着许多石榴娃娃
可是，在整整一个漫长的夏天
它们总是闭着自己嘴巴！

秋天来了，跑来了秋风娃娃
轻轻地亲了亲它们的脸颊
我看见它们咧着嘴儿笑了，笑了
露出一排排小小的红牙……

读读这首诗，我们会发现在诗人的眼中，石榴是一群可爱的娃娃，夏天的时候，它们总是闭紧了自己的嘴巴，多有趣，多好玩啊！是不是它们不喜欢夏天呢？还是夏天有很多的秘密，不能告诉别人呢？只有到了秋天，它们才会咧开了嘴儿笑，还露出了红红的小牙。

石榴夏日生长，秋天成熟，成熟的石榴还会裂开。而诗人却让石榴有了想法，有了情趣，赋予它们生命。让它们整个夏天保持沉默，让秋风娃娃亲亲它们的脸颊，它们就咧嘴微笑，多有情趣的表达啊！

在秋天里，我可喜欢吃石榴了。喜欢看它们红润的脸蛋，喜欢看它们咧开的小嘴，喜欢看它们肚子里藏着一大堆的宝贝……好可爱的石榴娃娃啊！看着它们的样子，你会想到什么呢？试试看，也许你会有自己的独特发现哦！

秋天的果园还有什么呢？红彤彤的苹果，黄灿灿的梨，还有紫莹莹的葡萄，看着这些水果，你又会有怎样的思考呢？

苹果里的星星

李德民

如果你横着把苹果切开
就会发现，在苹果里面
藏着一颗
小小的星星

它可能是夜晚捉迷藏时
躲到这儿来的
风找遍了整个果园
也没发现它
也许这儿太隐秘、安全
这颗小星星竟放心大胆地
睡着了，还做了一个
又香又甜的梦

你一定见过苹果吧？红红的脸蛋，在风中微笑。你一定吃过苹果吧，甜甜酸酸的，味道不错吧！来读读苹果里的星星吧，你会发现苹果里的秘密。原来，苹果里有一颗星星啊！为什么我们没有发现呢？原来诗人是把苹果横着切开的呀！星星从哪里来，又在这里做什么呢？诗人做出一大串的想象，于是就有了这样一首可爱而美丽的小诗。

走在秋天的果园里，你会发现，秋天多好吃啊！甜甜的苹果，脆脆的梨，甜中带酸的葡萄，还有酸酸的柠檬……

这些秋天的娃娃多可爱啊！你看，弯弯的香蕉会让你想到什么呢？弓着腰走路的老爷爷。芒果是一个橄榄球吗？让秋风打来打去。切开一个柠檬，会滚出好多车轮；掰开一个橘子，你会有不一样的发现吧！

拿起一个水果，你能听见它们的悄悄话，爱笑的石榴跟你说什么呢？柚子小姐是不是很怕冷啊！把自己裹得严严实实的。猕猴桃是不是刺猬家的亲戚啊，绿绿的，我都不敢去碰它呢！

秋天里，你爱上了哪种水果呢？看看它的样子，你有什么想法？听一听，你听见它的心事了吗？闻一闻，你感受到了什么？想一想，你发现它的秘密了吗？吃吃你喜欢的水果，试试能不能写出好玩的诗歌！

神奇的风

——写出风的表情

你看见风了吗？它们穿过长长的走廊，跳过高高的屋檐；它们在大树上，拉着树叶跳舞；它们在水面上，练习溜冰；它们在山顶上，练习蹦极……你看见风了吗？

风

叶圣陶

谁也没有看见过风，
不用说你和我了。
但是树叶颤动的时候，
我们知道风在那儿了。

谁也没有看见过风，
不用说你和我了。
但是林木点头的时候，
我们知道风正走过了。

谁也没有看见过风，
不用说你和我了。
但是河水起皱纹的时候，
我们知道风来游戏了。

你看见风了吗？它让树叶颤动，让树木点头，让河水起皱……你真的看见风了吗？它是什么样子，它是什么颜色，它是什么模样？风是不是穿了一件隐身衣，我们谁也看不见它，可是我们却能感觉到它的到来，对不对？

它在哪里？我们一起去寻找：

它在阳台走过了，因为衣服在跳舞；它从窗前走过了，因为窗帘在跳动；它到花园里去了，因为花儿在点头；它到池塘里去了，因为水草在招手……你找到了吗？

不要理他

（中国台湾）林焕彰

风是住在我们家隔壁的小朋友，
他不念书，
又最爱捣蛋！
我打开门，让他进来，
他却一骨碌从后门溜出去；

我把门关了，
他又跑到前门来敲门。
妈妈说，我功课还没做完。
最好不要理他。

在诗人笔下，风是住在隔壁的小朋友，他好顽皮哦！不爱念书，又最爱捣蛋。从前门溜到后门，敲着我家的门。读着这样的诗句，你是不是感觉风很可爱，很有趣。你眼里的风又是什么样子呢？

风

（中国台湾）谢武彰

妈妈把洗好的衣服
晒在绳子上
蜻蜓来看看就走了
蝴蝶来看看就走了
白云来看看也走了

只有风最好奇了
悄悄地试穿着——
爸爸的上衣跟裤子

妈妈的洋装跟裙子
弟弟的制服跟鞋子

他们互相看着彼此的怪模样
呼呼地笑得喘不过气来
哎呀——风好坏哟

还拿了我的手巾跟手帕

擦过了汗

都扔到地上了

又拿了妹妹的圆帽子

当作铁环滚走了

害我跑了好远好远才追回来

阳台上的风在做什么呢？原来他正在试穿着阳台上的衣服。爸爸的、妈妈的、弟弟的……那副样子是不是好奇怪，是不是很好笑？是啊！那副滑稽的样子让我们想起来风把衣服吹得鼓鼓的模样。最可气的是，风拿了我的毛巾和手帕擦汗，然后扔在地上；还把妹妹的圆帽子当成铁环滚走……你看，在诗人的眼里，看不见的风似乎成了一个淘气的小孩子，在做着一连串淘气的事情。我们眼前似乎能看见风调皮的眼睛、顽皮的笑。

风还真像一个淘气包，有了性格，有了脾气，于是，就有了很有意思的童诗。

在你眼里，风是什么样子？

是一个大力士吗？他能把大树能连根拔起，他能掀起大海的高高巨浪……

是一个魔术师吗？能从细细的门缝里挤进来，能跨过高高的大山……

是一个小调皮吗？拽拽大树的头发，翻翻我正在看的书……

是一个小画家吗？春天的时候，走过的地方，都有了很大的变化……

是一个男孩子吗？他在树林里跑起来，谁也追不上他……

是一个女孩子吗？她躲在花丛里，和花朵说了半天的悄悄话……

在你的眼里，风是什么？风会做什么？仔细看一看，用心想一想，我们来写一写神奇的风吧！

如果我是一朵雪花

——让想象飞起来

当日历翻过新的一页，新新的一年在等着我们，一个新新的开始等着我们，这是多么令人愉悦的事情啊！瞧，冬爷爷也给我们送来了一份礼物，那是什么呢？哦！原来是美丽的小雪花啊！亲爱的同学，我们一起走进神奇的雪世界吧！

如果我是一片雪花

金　波

如果我是一片雪花，
我飘落到什么地方去呢？

飘到小河里，
变成一滴水，
和小鱼小虾游戏？

飘到广场上，
去堆胖雪人，
望着你笑眯眯？

我飘落在妈妈的脸上，
亲亲她，
然后就快乐地融化。

多么美丽的雪花，在大地上飘落，更给我们带来美好的想象。雪花飘在小河里，会给鱼虾带来怎样的快乐？雪花飘到广场上，给我们带来多少欢笑？……如果我是一片雪花，最希望到哪里去呢？读了金波爷爷的这首诗，我们好像看到了一个可爱的孩子，变成一朵小雪花，在野外玩耍。最后，雪花认为最快乐的事情就是飘落在妈妈的脸上，亲亲她，然后快乐地融化。读着读着，你一定看见了可爱的小雪花，可爱的小朋友了吧！

如果你是一片雪花，会飘落到什么地方去呢？把自己想象成一朵可爱的小雪花，跟着风四处旅行，你会飞到哪里去，又会做什么呢？试着说说看。

小松树

雪　野

冬天里
小松树戴上
一顶白帽子

风伯伯来了
小松树
摘下帽子
深深地
一鞠躬

瞧，小雪花落在小松树上，她在做什么呢？读读这首诗，我们会发现雪成了小松树的白绒帽。多有趣啊！风来了，雪花就落了下来，诗人就想到了是小松树看见风伯伯，摘下帽子敬个礼，多有礼貌的小松树啊！多有趣的想法啊！

小小的雪花，又让你想到了什么？下雪了，下雪了，雪花落在了小山，雪花落在了房顶，雪花落在了草地，会是什么样子呢？

小雪花

樊发稼

妈妈的吻——
是温暖的，
甜蜜的。

小雪花呀，
你的吻——
是冰凉的，
清爽的。

我们，
像小鸟一样，
会唱快乐的歌儿。

小雪花呀，
你不会唱歌，
可你会跳——
轻飘飘的、静悄悄的
好看的舞蹈……

妈妈的吻是甜蜜的，小雪花的呢，是冰冰凉凉的。我们会唱歌，小雪花呢，会跳轻飘飘的、静悄悄的舞蹈。读了这首诗，我们的眼前好像出现了一群可爱的小雪花，它们在风中舞蹈，多好看啊！虽然，小雪花是冰冷的，虽然小雪花不会唱歌，可是我们还是那么喜欢小雪花。多读几遍，你会和诗人一样，喜欢小雪花的。

听一听，雪也会说话，你听得见吗？

雪的话

蓝　天

“吱嘎吱嘎……”
“吱嘎吱嘎……”
你听——
雪在说话。

雪说些啥呢？

细听听，
原来，雪在请求：
小朋友慢点走，
把你的小脚印留给我一行吧！
我是冬孩子，
等到春天来了，
我好踩着你的小脚印回家。

“吱嘎吱嘎……”
“回家回家……”
你听——
雪在说话。

我们走进雪地里，细细去听，能听见“吱嘎吱嘎”的声音，那是雪花在说话，仔细听一听，它在说什么？诗人听见的是雪在请求：“把你的脚印留给我一行，冬孩子可以踩着小脚印回家。”你呢？你听见小雪花在说什么了吗？

下雪了，雪一点一点落在大地上，就像一个神奇的画家在画画，一下子给大地换上了新装。白茫茫的雪，让你想起了什么？我们一起来想象一下，看谁想得多？

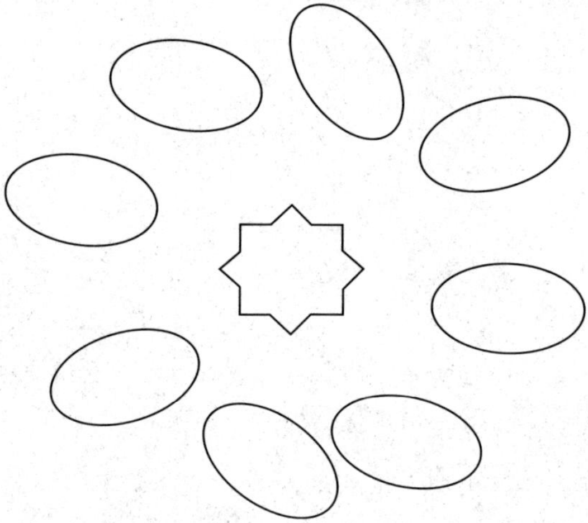

一个奇妙的想象就可以写出一首诗。有的人想到是贺年卡，他就说：“下雪了 / 下雪了 / 冬爷爷给我们 / 送来贺年卡了 / 我收到了 / 你收到了吗？”有人想到是羊毛毯，他就写道：“转眼大地铺上了羊毛毯 / 这么冷的天 / 是谁正在天空剪羊毛呢”……

一朵一朵的雪花，让你想到什么了呢？

一朵雪花有一朵雪花的快乐，看着飞扬的雪花，你能看懂他们的心情吗？是跳着快乐的舞蹈，还是忧伤的寻找……

瞧，雪花在窗前飞舞，雪花在广场上跳跃，雪花在树杈间张望。雪，让你想起了什么？拿起笔来，让我们一起来写一写吧！